Per informazioni sulle opere pubblicate
e in programma rivolgersi a:

Edizioni Terra Santa
Via G. Gherardini 5 - 20145 Milano (Italy)
tel.: +39 02 34592679 fax: +39 02 31801980
http://www.edizioniterrasanta.it
e-mail: editrice@edizioniterrasanta.it

MUSEUM 18

a cura di MASSIMO PAZZINI

LA VITA COME VIAGGIO…

Ricordando Pietro A. Kaswalder

edizioni terra santa

eTs

Progetto grafico
Elisa Agazzi

Finito di stampare nel maggio 2015
da Corpo 16 s.n.c., Modugno (Ba)
per conto di Fondazione Terra Santa
ISBN 978-88-6240-341-2

Introduzione

Desidero iniziare questo percorso con una bella metafora di Agostino d'Ippona: «Il mondo è un libro, e quelli che non viaggiano ne leggono solo una pagina». Questo concetto di vita intesa come "viaggio culturale" si addice in pieno alla persona di padre Pietro Kaswalder, il quale viaggiava e insegnava a viaggiare con la coscienza che il cammino da percorrere fosse studio e impegno; per dirla con John Steinbeck: «Non sono le persone che fanno i viaggi, ma sono i viaggi che fanno le persone!».

Mi è parso opportuno produrre questo volume che vorrei fosse, allo stesso tempo, un ricordo di quanto fatto ma anche un progetto su quanto resta da fare e, almeno in parte, si farà. Con questo lavoro vogliamo ricordare la persona più che lo studioso e intendiamo fissare la sua immagine nella nostra memoria.

Il ricordo di quanto Pietro ha compiuto è affidato in primo luogo a una sintesi ragionata della sua vita e della sua crescita umana e culturale, in particolare dopo il suo arrivo in Terra Santa. In queste pagine potremo notare il suo progressivo passaggio dallo studio dell'esegesi sui libri allo studio dell'esegesi sul terreno. Un cammino lento e continuo che lo ha portato a scoprire la sua vera vocazione di esegeta solidamente ancorato all'ambiente.

Un secondo momento prevede la sua scheda bibliografica aggiornata a gennaio 2015. Qui troveremo tutto l'operato, dalle cose più impegnative a quelle più divulgative. Si tratta di sette volumi a stampa e di numerosi articoli, un patrimonio che merita la nostra considerazione.

Abbiamo poi riproposto alcuni messaggi di cordoglio, quelli a nostro parere più significativi, per mostrare come a ognuno sia venuto a mancare un diverso aspetto della sua personalità. Fra queste testimonianze non mancano quelle di colleghi ed estimatori dal punto di vista professionale. Abbiamo inserito anche le omelie che sono state tenute nelle due messe funebri a lui dedicate: a Gerusalemme il 21 giugno e a Roverè della Luna, suo paese natale, il 23 giugno.

Alcuni amici hanno desiderato scrivere un breve ricordo che illustrasse il loro rapporto professionale e di amicizia con padre Pietro. Ne è scaturito un capitolo vibrante di ricordi. Sono certo che Pietro, con la sua particolare sensibilità, avrebbe gradito un siffatto omaggio.

Ho voluto poi raccogliere qualche testimonianza d'archivio trascrivendo alcuni documenti presenti nella sua cartella. Mi è parso molto significativo lo scambio epistolare fra l'allora Direttore dello *Studium*, padre Stanislao Loffreda, e il Ministro provinciale di Trento, padre Germano Pellegrini, e una lettera del padre Custode di Terra Santa con la quale la Custodia affidava a padre Kaswalder, tre mesi esatti prima della sua scomparsa, la piena responsabilità del sito di Cafarnao.

Ho ritenuto opportuno inserire nel volume alcuni pezzi da lui scritti e già pubblicati, ma non attinenti al noto tema della geografia biblica e delle escursioni archeologiche. Questo per fare risaltare che, all'occasione, padre Pietro sapeva allargare i propri orizzonti.

Infine ho voluto prendere del materiale inedito trovato fra le sue carte – o meglio fra i suoi *file* di computer –, offrendo alcuni saggi di quelle che potrebbero diventare opere postume. Sono scritti di carattere storico-archeologico dedicati in particolare alla Samaria e alla Giudea-Negev; opere perfettamente in linea con la sua personalità di studioso. Valuteremo come e quando procedere al loro completamento e alla loro pubblicazione.

A lavoro ormai ultimato è sopravvenuta la morte di padre Virginio Ravanelli che fu maestro di padre Pietro in varie discipline: Ebraico biblico, Esegesi dell'AT ed Escursioni biblico-archeologiche. Abbiamo così deciso di dedicare le ultime pagine del volume al ricordo del prof. Ravanelli, della cui opera padre Pietro fu il naturale continuatore.

Infine abbiamo voluto produrre anche una memoria visiva selezionando alcune immagini. Molte di esse ce lo mostrano all'opera nelle escursioni con alcuni dei numerosissimi gruppi che ha guidato. Non pochi lettori vi si potranno riconoscere. In questo modo il suo ricordo sarà per noi anche una bella memoria, associato com'è ai momenti felici che abbiamo vissuto insieme a lui.

Massimo Pazzini, ofm
Direttore dello *Studium Biblicum Franciscanum*, Jerusalem
Facoltà di Scienze Bibliche e Archeologia della PUA, Roma

Sommario

Pietro Alberto Kaswalder, ofm
22 giugno 1952 – 18 giugno 2014

Pietro Alberto Kaswalder è nato il 22 giugno 1952 a Roverè della Luna (Trento, Italia) da Enrico e Antonietta Casagrande. È stato frate minore e presbitero della Provincia Tridentina di San Vigilio, nella quale ha emesso la professione temporanea il 19 settembre 1969, la professione perpetua il 4 ottobre 1975 ed è stato ordinato al presbiterato il 26 giugno 1977.

Dopo aver completato gli studi liceali con la maturità classica il 3 luglio 1972 al liceo-ginnasio "Antonio Rosmini" di Rovereto (Tn), ha portato a compimento gli studi di teologia presso il Seminario Arcivescovile di Trento (1972-77). Prima di immergersi completamente nel mondo accademico, padre Pietro è stato viceparroco nella parrocchia dei SS. Vito e Modesto di Gorizia (1977-79).

Nel 1981 ha ottenuto la licenza in Sacra Teologia con specializzazione biblica allo *Studium Biblicum Franciscanum* di Gerusalemme con una tesi dal titolo *Is 4,2-6: aspetti letterari ed esegetici* (12 giugno). In seguito, negli anni 1982-88, ha completato il *curriculum ad doctoratum* allo SBF ottenendo il dottorato in Teologia con specializzazione biblica (19 novembre 1988) con la tesi dal titolo *La disputa diplomatica di Jefte (Gdc 11,12-28) e il problema dell'insediamento di Israele in Transgiordania* (moderatori M. Piccirillo e A. Niccacci). Il giudizio dei moderatori fu lusinghiero e lasciava già intravedere quale sarebbe stato l'ambito di ricerca del neo-laureato. Scrive uno dei moderatori: «Riguardo all'esegesi, il Candidato raggiunge risultati che si distaccano dall'opinione comune, e lo fa con argomenti letterari, geografici, storici e archeologici che mi sembrano convincenti. Riguardo al rapporto tra Scrittura e archeologia, la tesi si presenta come un tentativo notevole di impostare e risolvere il problema in modo corretto. Mi auguro perciò che la tesi venga stampata per intero». Il lavoro venne infatti pubblicato nel 1990 nella serie *Analecta* dello SBF (n. 29) col titolo *La disputa diplomatica di Iefte (Gdc 11,12-28). La ricerca archeologica in Giordania e il problema della conquista.*

Il primo documento che compare nella cartella personale di padre Pietro è l'obbedienza del Ministro Generale che lo destina a Gerusalemme. Il testo, qui tradotto dall'originale latino, recita: «In virtù della presente il R.P. Pietro Kaswalder, della Provincia Tridentina, ha la facoltà di recarsi a Gerusalemme e di dimorare nel convento della Flagellazione in vista del proseguimento degli studi di specializzazione nello *Studium Biblicum Franciscanum*». Il documento è datato 22 agosto 1979. Di fatto padre Pietro arrivò dopo pochi giorni a Gerusalemme e di qui si recò al caldo di Cafarnao, dove rimase per tutto il mese di settembre come custode del sito archeologico e con l'impegno di ripassare l'ebraico biblico in vista dell'inizio delle lezioni. Studiare in quelle circostanze non fu facile, ma questo mese veniva ricordato spesso e con nostalgia da padre Pietro, che proprio in quelle condizioni estreme individuò la sua missione in Terra Santa. Subito dopo questa esperienza, nel settembre del 1979, scriveva entusiasta al Provinciale di Trento: «Merita senz'altro venire a visitare i luoghi santi... vedo che studiare il Vangelo qui è tutta un'altra cosa». Poco prima di morire, come ultimo atto, ebbe dalla Custodia di Terra Santa l'incarico ufficiale di dirigere i lavori di restauro dell'intera area archeologica di Cafarnao.

Durante la stesura del dottorato, il direttore dello SBF, padre Stanislao Loffreda, vedendo le potenzialità in campo accademico del confratello, chiese alla Provincia francescana Tridentina che concedesse padre Pietro come futuro docente dello *Studium*. In una lettera del 27 novembre 1983 scrisse al padre Germano Pellegrini, Ministro Provinciale: «Con la presente vengo a chiedere, in nome del nostro padre San Francesco, non una pietra, ma PIETRO in persona, come futuro professore di archeologia presso il nostro *Studium Biblicum* di Gerusalemme». La risposta del Ministro trentino si fece attendere fino al 13 febbraio 1984, ma fu positiva: «La nostra piccola Provincia accetta il grande sacrificio per il bene dell'Ordine e condividendo col Padre s. Francesco la preoccupazione per la Terra Santa. Padre Pietro potrà quindi orientare definitivamente la sua preparazione culturale-religiosa al compito che lo attende, ultimando anzitutto la formazione biblica».

Dal 1979 al 2014 padre Pietro rimase ininterrottamente, per trentacinque anni, nella città santa insegnando nei tre Cicli dello *Studium Biblicum Franciscanum*, che sarebbe diventato dal 2005 Facoltà di Scienze Bibliche e Archeologia della Pontificia Università "Antonianum" di Roma. A Gerusalemme, dal 1989 in poi, Pietro insegnò le seguenti materie: Introduzione alla Sacra Scrittura (Pentateuco e Libri storici), Esegesi dell'Antico Testamento, Introduzione all'archeologia biblica ed Escursioni bibliche; dal 2008-2009 assunse anche l'insegnamento della Geografia biblica in sostituzione del confratello e collega M. Piccirillo, prematuramente scomparso.

Occasionalmente ha insegnato anche in altri seminari, come lo Studio Teologico S. Antonio di Bologna e il St. Bonaventure College di Lusaka (Zambia), dove ha offerto alcuni corsi in lingua inglese: *General Introduction to the Old Testament* e *Theological Introduction to the New Testament* (1994-96). Negli anni 1989-1991 ha collaborato con lo Studio Teologico S. Paolo di Cremisan (Salesiani) per i corsi di Pentateuco e Profeti.

A partire dall'inizio degli anni '90 si era specializzato nella guida delle escursioni biblico archeologiche agli studenti dello SBF. In collaborazione col prof. E. Alliata e altri colleghi, organizzò e diresse diversi corsi per animatori di pellegrinaggio cristiano in Terra Santa, per la preparazione di guide esperte ai luoghi santi. Insieme allo stesso prof. Alliata ideò e diresse per circa 15 anni (dal 2000) il corso di Archeologia biblica che il Pontificio Istituto Biblico organizzava – e organizza ancora – a Gerusalemme nel mese di settembre; un impegno abbastanza arduo che però lo riempiva di visibile soddisfazione.

Negli anni accademici 1997-98 e 1998-99, a causa di un'emergenza, svolse la funzione di Segretario accademico dello *Studium Biblicum Franciscanum* per circa un anno.

Una volta pubblicata la tesi di dottorato, divenne professore aggiunto dello SBF (22 novembre 1990). Nel 2003 fu nominato professore straordinario. Nel 2011, infine, è diventato ordinario di Esegesi dell'AT e di "ambiente biblico", in particolare titolare dei corsi di Geografia biblica ed Escursioni archeologiche.

Come tutti i docenti dello *Studium* appartenenti alla vecchia generazione, partecipò a diverse campagne di scavo, in particolare a Macheronte (Giordania) e a Cafarnao sotto la direzione di V. C. Corbo e S. Loffreda. Insieme al collega E. Alliata fu titolare di uno scavo/sondaggio nel sito dove è ubicata la settima stazione della Via Crucis. I risultati vennero pubblicati nella rivista della nostra Facoltà: "La Settima Stazione della Via Crucis e le mura di Gerusalemme", *Liber Annuus* 45 (1995). Nel corso dell'anno accademico 2005-2006 è stato vice decano dello *Studium* e dal 1988 al 2006 è stato membro della commissione del museo archeologico dello *Studium*.

Nel processo di promozione a docente ordinario la commissione che ha valutato le sue opere ha scritto: «Dopo aver esaminato singolarmente il materiale a noi affidato e dopo esserci consultati, siamo unanimemente del parere che si possa procedere alla promozione per le seguenti ragioni: 1) Il lavoro eccellente come docente di Esegesi dell'Antico Testamento e di Geografia biblica (apprezzato, da oltre un decennio, come docente di Palestinologia anche al PIB di Gerusalemme); 2) La guida competente delle escursioni biblico-archeologiche dello SBF sia in Terra Santa che al di fuori di essa (Sinai e Giordania); 3) La partecipazione costante alla vita scientifica della Facoltà con articoli e recensioni nella rivista *Liber Annuus*; 4) La recente pubblicazione del volume *La terra della promessa. Elementi di geografia biblica* (Milano-Jerusalem 2010) corona il suo lavoro di guida e offre un prezioso contributo agli studenti di Palestinologia e alle guide di Terra Santa».

I suoi interessi accademici si sono spostati sempre più dall'esegesi teorica – in particolare lo studio del Libro di Giosuè con riferimento diretto al cosiddetto Documento geografico – all'esegesi applicata al territorio, cioè l'ambiente biblico. Anche le sue pubblicazioni rispecchiano con chiarezza questo cammino. Dopo la tesi di dottorato scrisse, con l'amico biblista Enzo Cortese *Il Fascino del Sacro* (Milano 1996), a cui seguì un volume in onore del confratello trentino V. Ravanelli (*Entrarono a Cafarnao. Lettura interdisciplinare di Mc 1. Studi in onore di P. Virginio Ravanelli*, Jerusalem 1997), in collaborazione con M. Adinolfi; poi si incamminò sempre più decisamente verso la sua vocazione vera, la geografia della Salvezza. Con E. Bosetti pubblicò il volume *Sulle orme di Mosè. Egitto, Sinai, Giordania. Nuova guida biblica e archeologica* (Bologna 2000). Negli anni seguenti produsse quella che può essere ritenuta la sua opera della maturità: *Onomastica Biblica. Fonti scritte e ricerca archeologica* (Jerusalem 2002). Da qui in poi si avvicinò ulteriormente alla geografia biblica con *La terra della promessa. Elementi di geografia biblica* (Milano 2010) e *Galilea, terra della luce. Descrizione geografica, storica e archeologica di Galilea e Golan* (Milano 2012). Scrisse anche la pagina introduttiva del Calendario Massolini 2014 dedicato alla Galilea, terra a lui assai cara. Qui spiegò cosa intendesse con l'appellativo *Galilea, terra della luce*: «La Galilea è stata "adottata" dai cristiani perché là si è mostrata quella luce che il Profeta Isaia previde nel suo oracolo: "Il popolo che camminava nelle tenebre vide una grande luce; su coloro che abitavano in terra tenebrosa, una luce rifulse" (Is 9,1)».

Fra le sue carte abbiamo rinvenuto appunti e dispense che mostrano il cammino fatto e i progetti futuri. Fra questi, i manoscritti di due opere delle quali parlava da tempo e che annunciava come imminenti: *Samaria e Sharon. Introduzione storico-archeologica* e *Giudea e Negev. Introduzione storico-archeologica*. Il primo porta sul frontespizio la data del 1995, probabile inizio del progetto, mentre il secondo è datato 2002; i *file* di computer, però, sono ben più recenti (2011 e 2013). Era sua intenzione, una volta terminati i volumi sulle tre regioni storiche di Israele (Galilea, Samaria, Giudea-Negev), preparare una guida storico-archeologica dell'intera Terra Santa.

Accanto alle monografie, ha scritto diversi articoli scientifici che affrontano le problematiche oggetto della sua ricerca esegetica, ma sempre con un occhio di riguardo alla geografia. Ne ricordiamo alcuni che, di anno in anno, mostrano il suo cammino dall'esegesi alla geografia e archeologia: "Aroer e Iazer nella disputa diplomatica di Gdc 11,12-28" (1984); "Lo schema geografico deuteronomista: Dt 3,8-17" (1986); "I nuovi dati archeologici e le origini di Israele" (1988); "L'archeologia e le origini di Israele" (1993); (con M. Pazzini), "La stele aramaica di Tel Dan" (1994); "Le prime esplorazioni di Talhum-Cafarnao" (1997); "La sinagoga di Cafarnao (Mc 1,21-29) e il problema archeologico della 'sinagoga galilaica' " (1997); "Le escursioni dello SBF" (1997); "La nascita e il significato della sinagoga antica. Nota bibliografica" (2007); "Synagogal Buildings in Archaeological Studies" (2008); "Il torrente d'Egitto: nuove proposte per un vecchio problema di geografia biblica" (2008); "L'edificio sinagogale antico: pianta e funzioni" (2009); "Gli argonauti della Parola" (2009); "I luoghi: Giudea, Galilea e Samaria in Giovanni" (2010); "Il santuario 'alla porta della città' " (2011). Negli ultimi anni Kaswalder aveva approfondito gli studi sugli edifici sinagogali. Nel 1998 partecipò a un congresso internazionale di studi sulla S. Sindone a Torino dove tenne un'apprezzata conferenza sul tema "Archeologia della Croce e del Sepolcro", pubblicata nello stesso anno negli Atti del convegno.

Per lunghi anni, dal 1982 al 2005, ha curato una sezione della rivista *Liber Annuus* denominata "Ricerca in Giordania", nella quale venivano presentati e discussi gli scavi in quella parte di Terra Santa. Per questa sezione ha scritto anche molte recensioni contribuendo a informare il mondo accademico internazionale di quanto accadeva al di là del fiume Giordano.

Legata al tema delle escursioni biblico-archeologiche è la produzione di una lunga serie di articoli divulgativi, pubblicati nel corso di un trentennio (1984-2014) quasi sempre sulla rivista *La Terra Santa* (ora *Terrasanta*), che coprono tutte le regioni della terra della Bibbia. La lista completa appare nella sezione bibliografica di questo volume.

Alla sua tenacia si deve la lista delle escursioni quindicinali dello SBF – con programma dettagliato delle località visitate e dei versetti biblici inerenti alla visita –, la guida delle quali egli ereditò dal confratello trentino e maestro padre Virginio Ravanelli e che gradualmente, a partire dalla metà degli anni '90, vennero inserite nell'*Ordo anni academici* dello *Studium*. Le escursioni (qui riferite al calendario dell'anno accademico 1994-95) sono le seguenti: 1. Shefelah e Filistea: Beit Gibrin, Ascalon, Asdod; 2. Sharon: Cesarea M., Giaffa, Lod; 3. Mar Morto: Qumran, Eyn Gedi, Masada; 4. Wadi Kelt-Gerico, a piedi; 5. Oasi di Gerico: Tell es-Sultan, Khirbet el-Mefjar; 6. Beniamino ovest: Bet Horon, Gezer; 7. Beniamino: Tell el-Ful, el-Jib, Emmaus-Qubeibe; 8. Negev 1: Beersheba, Tell Arad, Mampsis; 9. Negev 2: Nizzana, Shivta, Avdat; 10. Samaria: Tell Balata, Monte Garizim, Sebastiyeh; 11. Valle di Esdrelon: Meghiddo, Bet Shearim; 12. Escursione che dipende dalla situazione politica (Hebron). Una breve annotazione in calce recita: «Queste 12 escursioni guidate da padre V. Ravanelli qualche volta sono state integrate dalle due escursioni guidate da P. Kaswalder (nn. 10 e 11)». Questo programma, che si riferisce alle escursioni quindicinali di un giorno intero, viene seguito allo SBF fino ad oggi.

Il prof. Kaswalder è stato apprezzato moderatore di tesine di baccalaureato al primo ciclo dello *Studium* (STJ) e di tesi di licenza e di dottorato allo SBF. Da un semplice sguardo all'archivio si può constatare che ha diretto con competenza decine di tesi di licenza e, a partire dall'anno accademico 1993-1994, ha moderato due tesi di dottorato in Teologia biblica (in un caso fungeva da correlatore) e due in Scienze bibliche.

Negli ultimi anni ha seguito, a nome della Custodia di Terra Santa e di varie istituzioni pubbliche e private del suo amato Trentino, diversi interventi concernenti il Getsemani, il Dominus Flevit, la basilica di Nazaret (monitoraggio della grotta dell'Annunciazione) e il parco archeologico di Cafarnao. Il 2 febbraio 2013 padre Pietro scriveva al Custode di Terra Santa: «Se va in porto, come si spera, il gemellaggio con il comune di Rovereto (Tn) e con l'associazione Campana dei caduti (*Maria Dolens*) di Rovereto, si prende in seria considerazione la creazione di un gemellaggio duraturo tra il Getsemani e la città di Rovereto… A primavera, in data da destinarsi, si programma un viaggio-pellegrinaggio degli Amici della Campana dei caduti di Rovereto al Getsemani. In quell'occasione si può organizzare la posa in opera del cippo portato dagli amici di Rovereto». Il padre Custode annota a mano sulla lettera: «D'accordo. Definisci i diversi passaggi con tutte le parti interessate». Un anno dopo, il 31 gennaio e il 1° febbraio 2014 una delegazione di Rovereto/Bronzolo (Tn-Bz), presenti i sindaci, visitò i santuari del Dominus Flevit (con il progetto dei mosaici bizantini da restaurare), del Getsemani (avvenuto restauro dei mosaici e del tetto della basilica e presentazione dell'opera d'arte rappresentante la Campana dei caduti), di Nazaret (lavori di bonifica della grotta) e di Cafarnao (messa in posa del porfido trentino).

Il 18 marzo 2014, tre mesi esatti prima della sua scomparsa, il padre Custode di Terra Santa gli scriveva: «Facendo seguito al colloquio tra noi intercorso, con la presente, Ti affidiamo l'incarico di Direttore responsabile dei lavori di ristrutturazione del *Parco archeologico di Cafarnao*. Consapevoli della grande rilevanza del sito che abbiamo l'onore e l'onere di custodire, certi della tua esperienza e serietà professionale, Ti ringraziamo per l'impegno da Te assunto». In questo modo proprio con Cafarnao, dove aveva iniziato il suo soggiorno in Israele nel lontano 1979, si concludeva l'attività professionale di padre Pietro in Terra Santa. La sua morte ha colto tutti di sorpresa, ma i lavori programmati e da lui iniziati si faranno, ora anche con il motivo in più di onorare la sua memoria.

Per ventisei anni il prof. Pietro Kaswalder ha tenuto corsi allo SBF e allo STJ, contribuendo così alla formazione di decine di sacerdoti e docenti di Sacra Scrittura. Insieme a loro ringraziamo Dio per averci dato questo fratello e maestro. Il suo esempio ci sprona a dare agli altri il meglio di noi. Mentre assicuriamo al caro padre Pietro, Pierino come lo chiamavamo in tono confidenziale, un ricordo speciale nel nostro cuore, vogliamo pensare che intercede per noi dal paradiso.

Massimo Pazzini, ofm

Bibliografia completa di Pietro A. Kaswalder

La lista qui riportata comprende tutto il materiale prodotto dal prof. Pietro Kaswalder nel corso della sua carriera accademica. La seguente disposizione, che riprende la classificazione già proposta dall'autore, è in ordine di importanza e cronologico allo stesso tempo: libri, articoli scientifici e divulgativi, recensioni e segnalazioni.

L'opera di Pietro Kaswalder comprende: a) sette volumi a stampa (in attesa di altri che potrebbero essere pubblicati postumi); b) diversi articoli di carattere biblico-esegetico-archeologico (soprattutto nella rivista *Liber Annuus*); c) una lunga serie di articoli di alta divulgazione aventi per tema le escursioni biblico-archeologiche (nella rivista *La Terra Santa*, nelle diverse lingue in cui viene stampata); d) materiale divulgativo apparso su diverse riviste (*Parole di vita*, *Il mondo della Bibbia*, *La Bibbia per la famiglia*); e) segue una lista di recensioni di carattere esegetico e f) altre recensioni riguardanti la "Ricerca archeologica in Giordania" (1982-2005), tutte pubblicate nella rivista *Liber Annuus* dello SBF.

Sigle e abbreviazioni

AASOR	*The Annual of the American School of Oriental Research in Jerusalem*
ACOR	American Center of Oriental Research
ADPV	*Abhandlungen des Deutschen Palästina-Vereins*
BA	*Biblical Archaeologist*
BAR	*Biblical Archaeology Review*
BAR Int Ser	BAR International Series
BASOR	*Bulletin of the American School of Oriental Research*
BeO	*Bibbia e Oriente*
Bib.Or.	*Bibliotheca Orientalis*
CB. OTS/NTS	Coniectanea biblica. Old Testament/New Testament Series
DBS	L. Pirot–A. Robert *et alii* (Ed.), *Dictionnaire de la Bible. Supplément*, Paris 1928-
EAEHL	M. Avi-Yonah–E. Stern (Eds.), *Encyclopaedia of Archaeological Excavations in the Holy Land*, 4 vols, Jerusalem 1975-1978
FRLANT	Forschungen zur Religion und Literatur des Alten und Neuen Testaments
HSM	Harvard Semitic Monographs
IAMS	Institute for Archaeo-Metallurgical Studies
JSOT	*Journal for the Study of the Old Testament*
LA	*Liber Annuus*
NTOA	Novum Testamentum et Orbis Antiquus
RivBiblIt	*Rivista Biblica Italiana*
SBL	Society of Biblical Literature
SWBAS	Social World of Biblical Antiquity Series
UMM	University Museum Monographs

Libri

1. *La disputa diplomatica di Iefte (Gdc 11,12-28). La ricerca archeologica in Giordania e il problema della conquista*, (SBF Analecta 29), Jerusalem 1990.

2. (Con E. Cortese), *Il Fascino del Sacro*, Edizioni Paoline, Milano 1996.

3. (Con M. Adinolfi, a cura di), *Entrarono a Cafarnao. Lettura interdisciplinare di Mc 1. Studi in onore di P. Virginio Ravanelli*, (SBF Analecta 44), Jerusalem 1997.

4. (Con E. Bosetti), *Sulle orme di Mosè. Egitto, Sinai, Giordania. Nuova guida biblica e archeologica*, Edizioni Dehoniane Bologna, Bologna 2000.

5. *Onomastica Biblica. Fonti scritte e ricerca archeologica*, (SBF Collectio Minor 40), Jerusalem 2002.

6. *La terra della promessa. Elementi di geografia biblica*, (SBF Collectio Minor 44), Milano 2010.

7. *Galilea, terra della luce. Descrizione geografica, storica e archeologica di Galilea e Golan*, (SBF Collectio Minor 45), Milano 2012.

Articoli

Articoli scientifici

"Aroer e Iazer nella disputa diplomatica di Gdc 11,12-28", *LA* 34 (1984), 25-42.

"Gdc 11,20a: problemi testuali e grammaticali", *BeO* 26 (1984), 129-142.

"Lo schema geografico deuteronomista: Dt 3,8-17", *LA* 36 (1986), 63-84.

"I nuovi dati archeologici e le origini di Israele", *LA* 38 (1988), 211-226.

"I Giudici di Israele", *LA* 41 (1991), 9-40.

"L'archeologia e le origini di Israele", *RivBiblIt* 41 (1993), 171-188.

"Le tribù in Gdc 1,1-2,5 e in Gdc 4-5", *LA* 43 (1993), 89-113.

(con M. Pazzini), "La stele aramaica di Tel Dan", *RivBiblIt* 42 (1994), 193-201.

(con E. Alliata), "La Settima Stazione della Via Crucis e le mura di Gerusalemme", *LA* 45 (1995), 217-246.

"Le prime esplorazioni di Talhum-Cafarnao", in M. Adinolfi-P. Kaswalder (a cura di), *Entrarono a Cafarnao. Lettura interdisciplinare di Mc 1. Studi in onore di P. Virginio Ravanelli*, (SBF Analecta 44), Jerusalem 1997, 209-241.

"La sinagoga di Cafarnao (Mc 1,21-29) e il problema archeologico della 'sinagoga galilaica' ", in M. Adinolfi-P. Kaswalder (a cura di), *Entrarono a Cafarnao. Lettura interdisciplinare di Mc 1. Studi in onore di P. Virginio Ravanelli*, (SBF Analecta 44), Jerusalem 1997, 243-271.

"Le escursioni dello SBF", in M. Adinolfi-P. Kaswalder (a cura di), *Entrarono a Cafarnao. Lettura interdisciplinare di Mc 1. Studi in onore di P. Virginio Ravanelli*, (SBF Analecta 44), Jerusalem 1997, 275-295.

"Archeologia della Croce e del Sepolcro" (Relazione al Congresso Internazionale di studi sulla S. Sindone, Torino 5-7 Giugno 1998), in B. Barberis-G.M. Zaccone (a cura di), *Sindone. Cento anni di ricerca*, Istituto Poligrafico dello Stato. Libreria dello Stato, Roma 1998, 59-73.

"Re Ioiachin, una speranza perduta", *LA* 54 (2004), 9-24.

"La nascita e il significato della sinagoga antica. Nota bibliografica", *LA* 57 (2007), 431-491.

"Il *torrente d'Egitto*: nuove proposte per un vecchio problema di geografia biblica", *LA* 58 (2008), 415-441.

"L'edificio sinagogale antico: pianta e funzioni", *LA* 59 (2009), 263-280.

"Synagogal Buildings in Archaeological Studies", Studium Biblicum Annual 2005. 60th Anniversary Edition, Hong Kong 2008, 13-33.

"Gli argonauti della Parola", in AA.VV. *Antichi pellegrini in Terra Santa*, Edizioni Terra Santa, Milano 2009, 6-18.

"I luoghi: Giudea, Galilea e Samaria in Giovanni", in D. Garribba-A. Guida (a cura di), *Giovanni e il giudaismo. Luoghi, tempi, protagonisti*, Il Pozzo di Giacobbe, Trapani 2010, 39-55.

"Il santuario 'alla porta della città' ", *Antonianum* 86/3 (2011), 35-50.

Per la rivista La Terra Santa *(nelle diverse lingue)*

La Terra Santa [dal 2006 Terrasanta] (edizione italiana)
"Herodion", *La Terra Santa* 40 (1984), 78-80.

"Corazin", *La Terra Santa* 40 (1984), 126-128.

"Rivive il Cardo Maximus", *La Terra Santa* 40 (1984), 162-164.

"Restauro della cappella dell'Apparizione al S. Sepolcro", *La Terra Santa* 40 (1984), 223-226.

"Il porto erodiano di Cesarea M.", *La Terra Santa* 40 (1984), 270-275.

"La Flagellazione. Il sacello-santuario viene rivalutato da una recente ristrutturazione", *La Terra Santa* 41 (1985), 84-87.

"La città di Davide", *La Terra Santa* 41 (1985), 119-123.
"Le tombe dei re", *La Terra Santa* 41 (1985), 234-237.
"La Porta Dorata", *La Terra Santa* 41 (1985), 294-296.
"Tel Arad", *La Terra Santa* 42 (1986), 72-74.
"Tel Seilun. La biblica Shilo", *La Terra Santa* 42 (1986), 143-145.
"Khirbet ed-Deir", *La Terra Santa* 45 (1989), 22-25.
"Bet Shean, splendida città", *La Terra Santa* 69/2 (1993), 36-40.
"Qazrin sulle Alture del Golan", *La Terra Santa* 69/4 (1993), 36-41.
"Scoperta un'iscrizione aramaica a Tel Dan", *La Terra Santa* 70 (1994), 44-49.
"Antiche chiese d'Israele", presentazione del volume di Y. Tsafrir (Ed.), *Ancient Churches Revealed*, Jerusalem 1993, *La Terra Santa* 71 (1995), 22-26.
"Restaurato il Davide-Orfeo di Gaza", *La Terra Santa* 71 (1995), 44.
"Ritrovate a Hazor e decifrate due tavolette cuneiformi", *La Terra Santa* 71 (1995), 38-43.
"Il Nilo e le Amazzoni nei mosaici di Sefforis", *La Terra Santa* 71 (1995), 30-33.
"La settima stazione della Via Crucis", *La Terra Santa* 72 (1996), 25-30.
"La nuova sinagoga di Sefforis", *La Terra Santa* 73 (1997), 45-49.
"La prima iscrizione filistea. Akish, re di Eqron", *La Terra Santa* 73 (1997), 19-22.
"Lachish 1: la città delle lettere", *La Terra Santa* 74 (1998), 22-26.
"Santuari sulle strade dell'Esodo", *La Terra Santa* 74 (1998), 36-40.
"Lachish 2: la città dell'assedio", *La Terra Santa* 75 (1999), 25-30.
"Banias, Caesarea di Filippo", *La Terra Santa* 76 (2000), 34-40.
"Beit Jibrin, Eleuteropoli", *La Terra Santa* 77 (2001), 22-26.
"Maresha, Tell Sandahanna", *La Terra Santa* 78 (2002), 25-29.
"Hippos, la città posta sul monte", *La Terra Santa* 79 (2003), 31-36.
"Betsaida Iulia", *La Terra Santa* 80 (2004), 51-56.
"Gli argonauti della Parola", *Terrasanta* Nuova Serie III/4 (2008), 28-33.
"Betania al di là del Giordano", *Eco di Terrasanta* 19 (2009), 8-9.
"Nell'orto dei Profeti. L'agricoltura nell'Antico Testamento", *Terrasanta* NS IV/5 (2009), 62-64.
"Dove Gesù vinse la morte", *Terrasanta* NS V/2 (2010), 24-29.
"Alla locanda del Buon Samaritano", *Terrasanta* NS V/6 (2010), 46-50.
"I monti sacri nella Bibbia. Un passo verso il cielo", *Terrasanta* NS VI/1 (2011), 27-37.

"Samaria. Al centro della terra", *Terrasanta* NS VII/1 (2012), 56-61.
"Neghev. Crocevia di popoli", *Terrasanta* NS VII/2 (2012), 56-61.
"Shefelah. Nella terra dei liberi", *Terrasanta* NS VII/3 (2012), 56-61.
"Nella terra di Dagon", *Terrasanta* NS VII/4 (2012), 56-61.
"La porta del paradiso", *Terrasanta* NS VII/5 (2012), 56-61.
"Ildo Avetta, l'architetto di Cafarnao", *Terrasanta* NS VII/6 (2012), 23.
"Mar Morto dove il deserto vive", *Terrasanta* NS VII/6 (2012), 56-61.
"Cesarea. Gloria della Giudea", *Terrasanta* NS VIII/1 (2013), 56-61.
"Sui monti di Samaria", *Terrasanta* NS VIII/2 (2013), 56-61.
"Come la Palestina diventò Terra Santa", *Terrasanta* NS VIII/3 (2013), 38-41.
"Granaio d'Israele", *Terrasanta* NS VIII/3 (2013), 56-61.
"Tel Arad Limes Palestinae", *Terrasanta* NS VIII/4 (2013), 56-61.
"Masada l'ultimo baluardo degli zeloti", *Terrasanta* NS VIII/5 (2013), 54-59.
"Ramleh e Lod perle della Pianura", *Terrasanta* NS VIII/6 (2013), 54-59.
"Tell as-Sultan. Gerico, la città più antica del mondo", *Terrasanta* NS IX/1 (2014), 56-61.
"Beit Shemesh, la «città del sole»", *Terrasanta* NS IX/2 (2014), 56-61.
"Efraim dove dimorò il Signore", *Terrasanta* NS IX/4 (2014), 56-61.
"Be'er Sheva, città dei Patriarchi", *Terrasanta* NS IX/5 (2014), 56-61.

La Terre Sainte (edizione francese)
"Beth Shean, splendide cité", I, *La Terre Sainte* 59 (1994), 153-159.
"Beth Shean, splendide cité", II, *La Terre Sainte* 59 (1994), 209-214.
"Qazrin sur les hauteurs du Golan", *La Terre Sainte* 60 (1995), 214-221.
"Sepphoris: la perle de la Galilée", *La Terre Sainte* 60 (1995), 317-325.
"La VIIe station de la Via Crucis révèle son passé", *La Terre Sainte* 61 (1996), 94-99.
"La nouvelle synagogue de Sepphoris", *La Terre Sainte* 64 (1999), 185-189.
"Lakish", *La Terre Sainte* (64) 1999, 249-252.
"Beit Jibrin, Eleutheropolis", *La Terre Sainte* 67 (2002), 256-259.
"Hippos, la ville sur la montagne", *La Terre Sainte* 69 (2004), 312-315.
"Béthanie au-delà du Jourdain", *La Terre Sainte* 74 (2009), 306-312.
"Béthanie au-delà du Jourdain", *La Terre Sainte* 75/6 (2009), 6-13.
"Les premiers pèlerins chrétiens en Terre Sainte", *La Terre Sainte* 76/1 (2010), 6-13.
"L'art de l'agriculture dans l'Ancien Testament", *La Terre Sainte* 76/2 (2010), 6-11.

"Là où Jésus a vaincu la mort", *La Terre Sainte* 76/3 (2010), 6-15.

"Khan al-Hatrur. La mémoire du Bon Samaritain", *La Terre Sainte* 76/4 (2010), 6-13.

"La Jéricho hérodienne (Ière partie)", *La Terre Sainte* 77/1 (2011), 14-19.

"Palais hérodiens à Jéricho", *La Terre Sainte* 77/4 (2011), 190-195.

"Tibériade, cité sacrée et profane", *La Terre Sainte* 78/1 (2012), 6-11.

"Dans la terre de Dagon", *La Terre Sainte* 78/5 (2012), 6-11.

"Beth Alpha et Scythopolis", *La Terre Sainte* 78/6 (2012), 6-11.

"La Mer Morte un desert vivant", *La Terre Sainte* (nouvelle formule) 623 (2013), 6-11.

"Césarée: gloire de la Judée", *La Terre Sainte* (nouvelle formule) 624 (2013), 6-11.

"Gezer et Ascalon, le grenier d'Israël", *Terre Sainte* (nouvelle formule) 625 (2013), 6-11.

"Tell as-Sultan, la plus ancienne ville du monde", *La Terre Sainte* (nouvelle formule) 629 (2014), 6-11.

"Excursion dans la Shéphélah", *La Terre Sainte* (nouvelle formule) 630 (2014), 6-13.

"Khan al-Ahmar, le monastère de saint Euthyme le Grand", *La Terre Sainte* (nouvelle formule) 631 (2014), 6-11.

"Beer Sheva, la cité des Patriarches", *La Terre Sainte* (nouvelle formule) 633 (2014), 6-12.

"Pèlerins à Bethléem", *La Terre Sainte* (nouvelle formule) 634 (2014), 6-11.

Tierra Santa (edizione spagnola)

"La primera inscripción encontrada en Israel", *Tierra Santa* 73 (1998), 144-146.

"Betania, en la otra parte del Jordán", *Tierra Santa* 86 (2010), 96-100.

"Donde Jesús venciò a la muerte (Santo Sepulcro, Jerusalén)", *Tierra Santa* 86 (2010), 243-249.

"Como era la tumba de Jesús?", *Tierra Santa* 86 (2010), 250-251.

"Khan El-Hatrur. El recuerdo del Buen Samaritano", *Tierra Santa* 87 (2011), 264-274.

"Visita al Neguev", *Tierra Santa* (nuevo formato) 817 (2012), 28-33.

"Excursión a la Shefela", *Tierra Santa* (nuevo formato) 819 (2012), 36-41.

"Mar Muerto. Donde el desierto vive", *Tierra Santa* (nuevo formato) 820 (2013), 54-59.

"Cesarea gloria de Judea", *Tierra Santa* (nuevo formato) 821 (2013), 54-59.

"Por los montes de Samaria", *Tierra Santa* (nuevo formato) 822 (2013), 54-59.

"Tel Arad. Limes Palestinae", *Tierra Santa* (nuevo formato) 823 (2013), 54-59.

"Masada, el ultimo baluarte de los zelotes", *Tierra Santa* (nuevo formato) 824 (2013), 54-59.

"Ramla y Lod, perlas de la llanura", *Tierra Santa* (nuevo formato) 825 (2013), 54-59.

"Tell As Sultan. Jericó, la ciudad más antigua del mundo", *Tierra Santa* (nuevo formato) 826 (2014), 54-59.

"Bet Semes, la «ciudad del sol»", *Tierra Santa* (nuevo formato) 827 (2014), 54-59.

"Taybe y Jan al Ahmar, «adonde vino el Señor»", *Tierra Santa* (nuevo formato) 828 (2014), 54-59.

"Excursión por el Negueb", *Tierra Santa* (nuevo formato) 829 (2014), 54-59.

"Samaria: en el centro de la Tierra", *Tierra Santa* (nuevo formato) 830 (2014), 54-59.

The Holy Land (edizione inglese)

"The First Philistine Inscription Found in Israel is that of Akish, 'Prince of Eqron' ", *The Holy Land* 18 (1998), 201-207.

Dossier: "Sacred Mountains of the Bible. A Step Towards Heaven", *The Holy Land* New Series 4/3 (2011), 17-27.

"The Dead Sea. Where the Desert Lives", *The Holy Land* NS 6/2 (2013), 40-45.

Dossier: "How Palestine Became Holy Land", *The Holy Land* NS 6/3 (2013), 28-31.

"Caesarea. The Glory of Judea", *The Holy Land* NS 6/3 (2013), 40-45.

"Tel Arad, Limes Palaestinae", *The Holy Land* NS 6/4 (2013), 40-45.

"Tell As-Sultan: The Oldest City in the World", *The Holy Land* NS 7/2 (2014), 28-31.

Im Land des Herrn (edizione tedesca)

"Betanien jenseits des Jordan", *Im Land des Herrn* 64,1 (2010), 4-10.

"Die ersten christlichen Heilig-Land-Pilger", *Im Land des Herrn* 64,2 (2010), 61-70.

"Die Herberge des barmherzigen Samariters", *Im Land des Herrn* 65,4 (2011), 134-140.

Per la rivista **Parole di Vita** *(anno 1997)*

"Archeologia dell'Esodo", *PDV* 42,1 (1997), 46-49.
"Le vie dell'Esodo", *PDV* 42,2 (1997), 42-45.
"L'identificazione del 'Mare del Miracolo' ", *PDV* 42,3 (1997), 38-41.
"L'identificazione del Monte Sinai", *PDV* 42,5 (1997), 41-44.

Altre pubblicazioni divulgative

Il mondo della Bibbia
"L'iscrizione aramaica scoperta a Tel Dan", *Il Mondo della Bibbia* 26 (1995), 54-57.
"L'iscrizione di Akish, principe di Eqron", *Il Mondo della Bibbia* 28 (1997), 61.
"*Abuna Michel*, Padre Michele Piccirillo OFM, archeologo (1944-2008)", *Il Mondo della Bibbia* 96 (2009), 54-56.
Dossier: "Gesù e il Lago", *Il Mondo della Bibbia* 118 (2013), 2-37.

Altre collaborazioni
"La Palestina agli inizi del Periodo del Ferro", in G. Ravasi (a cura di), *La Bibbia per la Famiglia*, vol. 3 (1995), Milano, 28-29.
"Il Davide politico e l'ideatore del Tempio (1 Cronache 13-26)", in G. Ravasi (a cura di), *La Bibbia per la Famiglia*, vol. 3 (1995), Milano, 60-63.
"La Custodia di Terra Santa", in *Oggi Fratini domani Apostoli*, nn. 1-10 (2009), 1-22.

Recensioni nella rivista dello SBF *Liber Annuus*

A. Negev, *Tempel, Kirchen und Zisternen. Ausgrabungen in der Wüste Negev. Die Kultur der Nabatäer*, Stuttgart 1983, *LA* 33 (1983), 459-461.
G. Galbiati-A. Aletti, *Atlante storico della Bibbia e dell'Oriente Antico*, Milano 1984, *LA* 34 (1984), 481-483.

J. Dus, *Israelitische Vorfahren-Vasallen palästinischer Stadtstaaten? Revisionsbedürftigkeit der Landnahmehypothese von Albrecht Alt*, (EH, Reihe XXIII, Theologie, Band 397), Frankfurt a. M.-Bern-New York-Paris 1991, *LA* 41 (1991), 568-569.

D.T. Ariel, *Excavations at the City of David 1978-1985 Directed by Yigal Shiloh, Volume II. Imported Stamped Amphora Handles, Coins, Worked Bone and Ivory, and Glass*, (Qedem 30), Jerusalem 1990, *LA* 41 (1991), 582-586.

R. Gonen, *Burial Patterns and Cultural Diversity in Late Bronze Age Canaan*, (ASOR Dissertation Series, 7), Winona Lake, IN. 1992, VI-168 pp., *LA* 43 (1993), 580-585.

I. Finkelstein-Y. Magen (Eds.), *Archaeological Survey of the Hill Country of Benjamin*, (Israel Antiquities Authority - Civil Administration in Judea and Samaria - Staff Officer of Archaeology), Jerusalem 1993, 1*-70* + 466 pp., *LA* 43 (1993), 586-587.

E.M. Meyers-C.L. Meyers-J.F. Strange (et alii), *Excavations at the Ancient Synagogue of Gush Halav*, (Meiron Excavation Project Volume V), ASOR (Excavation Reports), Winona Lake, IN., 1990, XVII-292 pp., *LA* 43 (1993), 596-602.

E. Galbiati-A. Aletti, *Atlas Histórico da Bíblia e do Antigo Oriente. Da pré-historia à queda de Jerusalém no ano 70 d.C.*, Editora Vozes, Petropolis 1991, 271 pp., *LA* 43 (1993), 602.

Z. Gal, *Lower Galilee During the Iron Age*, Winona Lake, IN. 1992, *LA* 44 (1994), 716-719.

L.J. Hoppe, *The Synagogues and Churches of Ancient Palestine*, Collegeville 1994, *LA* 44 (1994), 719-720.

Y. Tsafrir (Ed.), *Ancient Churches Revealed*, Jerusalem 1993, *LA* 44 (1994), 722-725.

M. Piccirillo, *La Terra del Messaggio. Per un Atlante di Geografia biblica*, Torino 1991, *LA* 47 (1997), 626.

D.T. Ariel (et alii), *Excavations at the City of David 1978-1985 Directed by Yigal Shiloh, vol. V. Extramural Areas*, (Qedem 40), Jerusalem 2000, *LA* 50 (2000), 587-589.

D.T. Ariel (et alii), *Excavations at the City of David 1978-1985 Directed by Yigal Shiloh, vol. VI. Inscriptions*, (Qedem 40), Jerusalem 2000, *LA* 50 (2000), 590-591.

B. Rothenberg (Ed.), *The Ancient Metallurgy of Copper. Researches in the Arabah 1959-1984*, vol. 2 (Institute for Archaeo-Metallurgical Studies, Institute of Archaeology, University College London), London 1990. Pp. XXI-191. Figures, Maps and Pictures in the Text, *LA* 50 (2000), 586-587.

M. Tábet, *Introduzione al Pentateuco e ai Libri Storici dell'Antico Testamento. Manuale di Sacra Scrittura*. (Sussidi di Teologia. Collana di manuali a cura della Facoltà di Teologia della Pontificia Università della Santa Croce), Apollinare Studi, Roma 2001, 401 pp., *LA* 51 (2001), 412-414.

O. Borowski, *Agricolture in Iron Age Israel*, *LA* 57 (2007), 736-741.

I. Beit-Arieh (Ed.), *Horvat 'Uza and Horvat Radum. Two Fortresses in the Biblical Negev*. With the Partecipation of B.C. Cresson, M. Fischer, L. Freud, O. Tal, (Tel Aviv University. Sonia and Marco Nadler Institute of Archaeology. Monograph Series, 25), Emery and Claire Yass Publications in Archaeology, Tel Aviv 2007. I-VI. 349 pp. Foto, figure e piante nel testo, *LA* 58 (2008), 609-613.

B. Olsson-M. Zetterholm (Eds.), *The Ancient Synagogue From Its Origins Until 200 C.E. Papers Presented at an International Conference at Lund University, October 14-17, 2001*, (CB. NTS 39), Almqvist & Wiksell International, Stockholm 2003. I-XVIII + 571 pp. Numerose foto e piante nel testo, *LA* 59 (2009), 631-636.

K.D. Politis (Ed.), *The World of the Nabataeans. Vol. 2 of the International Conference: The World of the Herods and the Nabataeans, held at the British Museum, 17-19 April 2001*, (Oriens et Occidens. Studien zu antiken Kulturkontakten und ihrem Nachleben, 15), Franz Steiner Verlag, Stuttgart 2007. 392 pp. Foto, piante e figure nel testo, *LA* 59 (2009), 627-630.

L. Di Segni-Y. Hirschfeld-J. Patrich-R. Talgam (Eds.), *Man Near a Roman Arch. Studies presented to Prof. Yoram Tsafrir*, The Israel Exploration Society, Jerusalem 2009, viii-223 pp. (articles in English); 1-159 (articles in Hebrew), *LA* 62 (2012), 619-625.

Recensioni e segnalazioni nella "Ricerca in Giordania"
(*Liber Annuus*)

Ricerca in Giordania 2, LA 32 (1982)

F. Bender, *Geologie von Jordanien*, Berlin-Stuttgart 1968, *LA* 32 (1982), 514.
J.D. Burdon, *Handbook of the Geology of Jordan*, (To Accompany and

Explain the Three Sheets of the 1: 250.000 Geological Map of Jordan East of the Rift), Amman 1959, *LA* 32 (1982), 514.

AA.VV., *The Archaeological Heritage of Jordan. Part II: The Archaeological Periods and Sites (East Bank)*, Amman 1973, *LA* 32 (1982), 515.

A. Hadidi (Ed.), First International Conference on History and Archaeology of Jordan, Amman 1980, *LA* 32 (1982), 515.

A. Hadidi, *The Archaeology of Jordan. Achievements and Objectives*, Amman 1980, *LA* 32 (1982), 515.

C.-M. Bennett, *The First International Conference on the History and Archaeology of Jordan*, Oxford 1980, *LA* 32 (1982), 515.

J.A. Sauer, *The First International Conference on the History and Archaeology of Jordan*, Oxford 1980, *LA* 32 (1982), 515.

W.E.Rast-Th.R. Shaub (et alii), *Bâb edh-Dhrâ, 1975*, AASOR 43 (1978), 1-60, *LA* 32 (1982), 517.

J.B. Pritchard, *The Cemetery at Tell es-Sa'idiyeh, Jordan*, (UMM 41), Philadelphia 1980, *LA* 32 (1982), 518.

H.J. Franken, *Excavations at Tell Deir 'Allâ. I: A Stratigraphical and Analithical Study of the Early Iron Age Pottery*, (With Contributions by J. Kalsbeek), Leiden 1969, *LA* 32 (1982), 518.

J. Hoftijzer-G. van der Kooij (et alii), *Aramaic Texts from Deir 'Alla*, Leiden 1976, *LA* 32 (1982), 519.

S. Mittmann, *Beiträge zur Siedlungs- und Territorialgeschichte des Nördlichen Ostjordanlandes*, (ADPV), Wiesbaden 1970, *LA* 32 (1982), 519.

M. Ottosson, *Gilead. Tradition and History*, (CB OTS 3), Lund 1969, *LA* 32 (1982), 520.

A.H. van Zyl, *The Moabites*, Pretoria 1960, *LA* 32 (1982), 520.

S. Timm, *Die Dynastie Omri. Quellen und Untersuchungen zur Geschichte Israels im 9. Jahrhundert vor Christus*, (FRLANT 124), Göttingen 1982, *LA* 32 (1982), 521.

AA.VV., *The Archaeology of Amman: 2000 B.C-750 A.D.*, Amman 1975, *LA* 32 (1982), 521.

M. Lindner (Hrsg.), *Petra und das Königreich der Nabatäer. Lebensraum, Geschichte und Kultur eines arabischen Volkes der Antike*, München 1980, *LA* 32 (1982), 521-522.

AA.VV., *Un royaume aux confins du désert: Petra et la Nabatène*, Lyon 1979, *LA* 32 (1982), 522.

AA.VV., *Inoubliable Petra. Le royaume nabatéen aux confins du désert*, Paris 1980, *LA* 32 (1982), 522.

AA.VV., *Exposición de Arte Nabateo. El primer reino árabe de la historia*, Madrid 1980, *LA* 32 (1982), 522.

R.H. Smith (et alii), *Pella of the Decapolis, Vol. I, The 1967 Season of the College of Wooster Expedition to Pella*, Wooster 1973, *LA* 32 (1982), 523-524.

M. Piccirillo, *I Mosaici di Giordania dal I all'VIII secolo D.C.*, Roma 1982, *LA* 32 (1982), 524.

H. Donner-H. Cüppers, *Die Mosaikkarte von Madaba, Teil I: Tafelband*, (ADPV), Wiesbaden 1977, *LA* 32 (1982), 526.

M. Almagro-L. Caballero-J. Zozaya-A. Almagro, *Qusayr 'Amra. Residencia y Baños Omeyas en el desierto de Jordania*, Madrid 1975, *LA* 32 (1982), 526-527.

Ricerca in Giordania 3, LA 33 (1983)

A. Hadidi (Ed.), *Studies in the History and Archaeology of Jordan 1*, (SHAJ), Amman 1982, *LA* 33 (1983), 423-424.

Ricerca in Giordania 4, LA 34 (1984)

R.H. Dornemann, *The Archaeology of the Transjordan in the Bronze and Iron Ages*, Milwaukee 1983, *LA* 34 (1984), 448-450.

J.F. Sawyer-D.J.A. Clines (Eds.), *Midian, Moab and Edom. The History and Archaeology of Late Bronze and Iron Age Transjordan and North-West Arabia*, (JSOT Suppl Ser 24), Sheffield 1983, *LA* 34 (1984), 451-452.

K. Yassine, *Tell el-Mazar, I: The Cemetery A*, Amman 1984, *LA* 34 (1984), 452-454.

K.P. Jackson, *The Ammonite Language of the Iron Age*, (HSM 27), Chico 1983, *LA* 34 (1984), 454-455.

AA.VV., *Contribution Française à l'Archéologie Jordanienne*, Dijon-Quetigny 1984, *LA* 34 (1984), 459.

"La Jordanie Byzantine", *Le Monde de la Bible* 35 (1984), *LA* 34 (1984), 459.

S. Campetti-E. von Lowenstamm Borzatti, *L'altra umanità. Origini, storia e arte dei nomadi della tenda nera*, Firenze 1983, *LA* 34 (1984), 459-461.

Ricerca in Giordania 5, LA 35 (1985)

G.A. Almagro, *El Palacio Omeya de Amman, I. La Arquitectura*, Madrid 1983, *LA* 35 (1985), 445-447.

E. Olávarri-Goicoechea, *El Palacio Omeya de Amman, II. La Arqueología*, Valencia 1985, *LA* 35 (1985), 447-448.

A. Hadidi (Ed.), *Studies in the History and Archaeology of Jordan* 2, Amman 1985, *LA* 35 (1985), 448-449.

Ricerca in Giordania 6, LA 36 (1986)

F. Dexinger-J.-M. Oesch-J. Sauer (Hrsg.), *Jordanien. Auf den Spuren alter Kulturen*, Innsbruck-Wien 1985, *LA* 36 (1986), 368.

M. Piccirillo, *Moïse au Mont Nebo*, *LMB* 44 (1986), *LA* 36 (1986), 368.

M. Piccirillo, *La Jordanie à l'époque biblique. Ammon, Moab, Edom, une longue histoire commune avec Israël*, *LMB* 46 (1986), *LA* 36 (1986), 369.

M. Lindner, *Petra. Der Führer durch die antike Stadt. The Guide Through the Antique City*, Fürth 1985, *LA* 36 (1986), 369.

M. Piccirillo, *La Montagna del Nebo*, (SBF Guide 2), Assisi 1986, *LA* 36 (1986), 369-370.

S. Khalaf al-Tall, *Development of Coniage in Jordan throughout History*, Amman 1986, *LA* 36 (1986), 370.

D. Homès Fredericq-H.J. Franken (Eds.), *Pottery and Potters. Past and Present. 7000 Years of Ceramic Art in Jordan*, Tübingen 1986, *LA* 36 (1986), 370.

D. Homès Fredericq-J.B. Hennessy, *Archaeology of Jordan, I. Bibliography*, Akkadica Suppl. III, Leuven 1986, *LA* 36 (1986), 370.

J.-M. Dentzer, *Hauran I. Recherces archéologiques sur la Syrie du sud à l'époque hellénistique et romaine. Première Partie*, (Tome CXXIV), Paris 1985; Deuxième Partie, (Tome CXXV), Paris 1986, *LA* 36 (1986), 371-372.

F. Zayadine (Ed.), *Jerash Archaeological Project 1981-1983, I*, Amman 1986, *LA* 36 (1986), 372-374.

M. Piccirillo, *I Mosaici di Giordania*, Roma 1986; H. Buschausen, *Byzantinische Mosaiken aus Jordanien*, Wien 1986, *LA* 36 (1986), 375-376.

W. Rast (Ed.), *Preliminary Reports of ASOR-Sponsored Excavations 1980-84*, *BASOR* Supplement 24 (1986), *LA* 36 (1986), 376-377.

L.T. Geraty (et alii), *Madaba Plains Project: A Preliminary Report of the 1984 Season at Tell el-'Umeiri and Vicinity*, BASOR Supplement 24 (1986), 117-144, *LA* 36 (1986), 377.

G.O. Rollefson-A.H. Simmons, *The Neolithic Village of 'Ain Ghazal, Jordan: Preliminary Report on the 1984 Season*, BASOR Supplement 24 (1986), 145-164, *LA* 36 (1986), 378.

Ricerca in Giordania 7, LA 37 (1987)

A. Hadidi (Ed.), *Studies in the History and Archaeology of Jordan* III, Amman 1987, *LA* 37 (1987), 415-416.

L.T. Geraty-L.G. Herr (Eds.), *The Archaeology of Jordan and Other Studies* (S. Horn Festschrift), Berrien Springs 1986, *LA* 37 (1987), 416-418.

O.S. LaBianca-L. Lacelle (Eds.), *Environmental Foundations: Studies of Climatical, Geological, Hydrological Conditions in Hesban and Vicinity*, (Hesban 2), Berrien Springs 1986, *LA* 37 (1987), 418.

E.A. Knauf, *Ismael. Untersuchungen zur Geschichte Palästinas und Nord-arabiens im 1. Jahrtausend v. Chr.*, (ADPV 6), Wiesbaden 1985, *LA* 37 (1987), 418-421.

M. Lindner (Hrsg.), *Petra. Neue Ausgrabungen und Entdeckungen*, München-Bad Windsheim 1986, *LA* 37 (1987), 421-423.

A. Killick (Ed.), *Udhruh. Caravan City and Desert Oasis. A Guide to Udhruh and its Surroundings*, Amman 1987, *LA* 37 (1987), 427.

M.A. Bakhit-A. Muhammad (Eds.), *Proceedings of the Symposium on Bilad al-Shäm During the Byzantine Period. Muharram 9-13 1404 A.H. / Nov 15-19 1983*, (University of Jordan-Yarmouk University), Volume I (Arabic Section); Volume II (English Section), Amman 1986, *LA* 37 (1987), 428.

M.A. Bakhit (Ed.), *Proceedings of the Second Symposium on the History of Bilād al-Shām During the Early islamic Period Up to 40 A.H. / 640 A.D., (The Fourth International Conference on the History of Bilād al-Shām)*, University of Jordan-Yarmouk University, Volume I (English and French Papers); Volumes II-III (Arabic Sections), Amman 1987, *LA* 37 (1987), 428-429.

S.K. Urice, *Qasr Kharana in the Transjordan*, (ASOR), Durham (North. Car.) 1987, *LA* 37 (1987), 429-431.

F.R. Scheck, *Jordanien. Völker und Kulturen zwischen Jordan und Rotem Meer*, Köln 1985, *LA* 37 (1987), 431-432.

AA.VV., *Der Königsweg. 9000 Jahre Kunst und Kultur in Jordanien und Palästina*, Köln 1987, *LA* 37 (1987), 432-433.

A. Khammash, *Notes on Village Architecture in Jordan*, Lafayette 1986, *LA* 37 (1987), 433.

G. Völger-K. von Welk (Hrsg.), *Pracht und Geheimnis. Kleidung und Schmuck aus Palästina und Jordanien*, Köln 1987, *LA* 37 (1987), 433-434.

R. Khury, *Petra. A Guide to the Capital of the Nabataeans*, London-New York 1986, *LA* 37 (1987), 434.

R. Khury, *Jerash. A Frontier City of the Roman East*, London-New York 1986, *LA* 37 (1987), 434.

Ricerca in Giordania 8, LA 38 (1988)

P.E. McGovern (et alii), *The Late Bronze and Early Iron Ages of Central Transjordan: The Baq'ah Valley Project, 1977-1981*, (UMM, 65), Philadelphia 1986, *LA* 38 (1988), 462-464.

R.G. Boling, *The Early Biblical Community in Transjordan*, (SWBAS, 6), Sheffield 1988, *LA* 38 (1988), 464-465.

Institute of Archaeology and Anthropology, *Museum of Jordanian Heritage*, Irbid 1988, *LA* 38 (1988), 468-469.

K. Yassine, *Archaeology of Jordan: Essays and Reports*, Amman 1988, *LA* 38 (1988), 469.

Ricerca in Giordania 9, LA 39 (1989)

D. Homès-Fredericq - J.B. Hennessy (Eds.), *Archaeology of Jordan. II1. Field Reports Surveys & Sites A-K. II2. Field Reports Sites L-Z*, Akkadica Supplementum VIII, Leuven 1989, *LA* 39 (1989), 273.

A.N. Garrard-H.G. Gebel (Eds.), *The Prehistory of Jordan. The State of Research in 1986, Part i-Part ii*, (BAR Int Ser 396 i-ii), Oxford 1988, *LA* 39 (1989), 273.

J.W. Hanbury-Tenison, *The Late Chalcolithic to Early Bronze I Transition in Palestine and Transjordan*, (BAR Int Ser 311), Oxford 1986, *LA* 39 (1989), 274-276.

E.A. Knauf, *Midian. Untersuchungen zur Geschichte Palästinas und Nordarabiens am Ende des 2. Jahrtausends v. Chr.*, (ADPV 8), Wiesbaden 1988, *LA* 39 (1989), 276-277.

O.S. LaBianca-D.C. Hopkins (Eds.), *Early Israelite Agricolture. Reviews of David C. Hopkins' Book: The Highlands of Canaan*, (Occasional Papers of the Institute of Archaeology-Andrews University, Number 1), Berrien Springs 1988, *LA* 39 (1989), 277.

R.D. Ibach Jr., *Archaeological Survey of the Hesban Region. Catalogue of Sites and Characterization of Periods*, (Hesban 5), Berrien Springs 1987, *LA* 39 (1989), 277-278.

L.T. Geraty-L.G. Running (Eds.), *Historical Foundations. Studies of Literary References to Hesban and Vicinity*, (Hesban 3), Berrien Springs, *LA* 39 (1989), 278-279.

T. Weber, *Syrischrömische Sarkophagbeschläge. Orientalische Bronzewerkstätten in römischer Zeit*, (Unter Mitarbeit von J. Chehad. Mit Beiträgen von C. Jagiella und L.A. Khalil), Mainz a/R. 1989, *LA* 39 (1989), 280.

M. Lindner (Hrsg.), *Petra und das Königreich der Nabatäer. Lebensraum, Geschichte und Kultur eines arabischen Volkes der Antike*, (5. Auflage), München 1989, *LA* 39 (1989), 281.

R. Wenning, *Die Nabatäer-Denkmäler und Geschichte. Eine Bestandesaufnahme des archäologischen Befundes*, (NTOA 3), Göttingen 1987, *LA* 39 (1989), 281-282.

R.S. Abujaber, *Pioneers Over Jordan. The Frontier of Settlement in Transjordan, 1850-1914*, London 1989, *LA* 39 (1989), 289-290.

Ricerca in Giordania 10, LA 40 (1990)

ADAJ 34, *Annual of the Department of Antiquities of Jordan* 34 (1990), *LA* 40 (1990), 481-482.

Centre Culturel Français et Departement des Antiquités de Jordanie, *Abu Hamid. Village du 4e Millenaire de la Vallée du Jourdain*, Irbid, Jordanie 1988, *LA* 40 (1990), 482-483.

M.M. Ibrahim (Ed.), *Arabian Studies in Honour of Mahmoud Ghul: Symposium at Yarmouk University December 8-11, 1984*, (Yarmouk University Publications-Institute of Archaeology and Anthropology Series, Vol. 2), Wiesbaden 1989, *LA* 40 (1990), 483-484.

M. Piccirillo, *Madaba, Mount Nebo, Umm er-Rasas. A Brief Guide to the Antiquities. Al Kutba Jordan Guides*, Amman 1990, *LA* 40 (1990), 484.

Ricerca in Giordania 11, LA 41 (1991)

ADAJ 35, *Annual of the Department of Antiquities of Jordan* 35 (1990), Amman, *LA* 41 (1991), 531.

P. Bienkowski (Ed.), *Treasures from an Ancient Land. The Art of Jordan*, Liverpool 1991, *LA* 41 (1991), 531-532.

S. Kerner (Ed.), *The Near East in Antiquity. German Contributions to the Archaeology of Jordan, Palestine, Syria, Lebanon and Egypt. Vol. II*, Amman 1991, *LA* 41 (1991), 533.

B.F. Byrd, *Excavations at Beidha 1. The Natufian Encampment at Beidha. Late Pleistocene Adaptation in the Southern Levant*, (Jutland Archaeological Society Publications XXIII: 1), Moesgärd 1989, *LA* 41 (1991), 533-534.

H.O. Thompson (Ed.), *Archaeology in Jordan*, (American University Studies. Series IX, History; vol. 55), New York-Bern-Frankfurt am Main-Paris 1989, *LA* 41 (1991), 534-535.

A. Dearman (Ed.), *Studies in the Mesha Inscription and Moab*, (ASOR, SBL, Archaeology and Biblical Studies n. 02), Atlanta, GE. 1989, *LA* 41 (1991), 535-541.

B. Aggoula, *Inventaire des Inscriptions Hatréennes*, (Institut Français d'Archéologie du Proche-Orient, Beyrouth-Damas-Amman; Bibliothèque Archéologique et Historique, T. CXXXIX), Paris 1991, *LA* 41 (1991), 542-543.

Ricerca in Giordania 12, LA 42 (1992)

G. Bishe (Ed.), *Studies in the History and Archaeology of Jordan* IV, Amman 1992, *LA* 42 (1992), 387-388.

ADAJ 36, *Annual of the Department of Antiquities of Jordan* 36 (1991), *LA* 42 (1992), 388-389.

H.J. Franken, *Excavations at Tell Deir 'Allah. The Late Bronze Age Sanctuary*, Louvain 1992, *LA* 42 (1992), 389-392.

F. Zayadine (Ed.), *Petra and the Caravan Cities*, (Department of Antiquities), Amman 1990, *LA* 42 (1992), 393-394.

J.-M. Dentzer-J. Dentzer-Feydy (et alii), *Le djebel al-'Arab. Histoire et Patrimoine au Musée de Suweida*, (Catalogue), Direction Générale des Antiquités et des Musées de la République Arabe Syrienne, Paris 1991, *LA* 42 (1992), 394-396.

H.R.H. Princess Sumaya El Hassan-M. Piccirillo, *A Loan Exibition: The Mosaics of Jordan. Roman, Byzantine, Islamic*, London 1993, *LA* 42 (1992), 396-397.

D. Kinet, *Jordanien*, Stuttgart-Berlin-Köln 1992, *LA* 42 (1992), 397-398.

Ricerca in Giordania 13, LA *43 (1993)*

T. Weber, *Pella Decapolitana. Studien zur Geschichte, Architekture und Bildenden Kunst einer hellenisierten Stadt des nördlichen Ostjordanlandes*, (ADPV 18), Wiesbaden 1993, XXXVI-99 pp., 13 Tafeln, *LA* 43 (1993), 490-492.

B. MacDonald (et alii), *The Southern Ghors and Northeast 'Arabah Archaeological Survey*, (Sheffield Archaeological Monographs 5), Sheffield 1992, XIV-290 pp., 33 Figures, 64 Tables, 32 Photographs, 38 Plates, 1 Map, *LA* 43 (1993), 492-494.

S. Kerner (Ed.), *The Near East in Antiquity. German Contributions to the Archaeology of Jordan, Palestine, Syria, Lebanon and Egypt. Vol. III*, (Goethe-Institut, German Protestant Institute for Archaeology of the Holy Land, Amman, Al Kutba, Publishers), Amman 1992. 111 pp., con foto, piante, mappe e disegni, *LA* 43 (1993), 494-495.

Ricerca in Giordania 14, LA *44 (1994)*

ADAJ 38, *Annual of the Department of Antiquities of Jordan* 38 (1994), Amman 1994, *LA* 44 (1994), 654.

Ricerca in Giordania 15, LA *45 (1995)*

ADAJ 38, *Annual of the Department of Antiquities of Jordan* 38 (1994), Amman 1994, *LA* 45 (1995), 529-530.

K. 'Amr-F. Zayadine-M. Zaghloul (Eds.), *Studies in the History and Archaeology of Jordan, V: Art and Technology Throughout the Ages*, Amman 1995, 776 pp.+ 54 (Arabic Section), *LA* 45 (1995), 530-531.

C. Kanellopoulos, *The Great Temple of Amman. The Architecture*, (ACOR 2), Amman 1994, 123 pp., 13 Plates. Figures and Pictures in the Text, *LA* 45 (1995), 531-532.

Ricerca in Giordania 17, LA 47 (1997)

G. Bisheh-M. Zaghlul-I. Kehrberg (Eds.), *Studies in the History and Ar-chaeology of Jordan* VI. *The Landscape Resources and Human Occupation in Jordan Throughout the Ages*, Amman 1997. 432 pp. Figures, Plates, Pic-tures, and Maps in the Text, *LA* 47 (1997), 514-515.

ADAJ 40, *Annual of the Department of Antiquities of Jordan* 40 (1996), Amman 1996. 495+13 pp. Figures, Plates, Pictures, and Maps in the Text, *LA* 47 (1997), 515-516.

U. Hübner, *Die Ammoniter. Untersuchungen zur Geschichte, Kultur, und Religion eines Transjordanischen Volke im 1. Jahrtausend v. Chr.*, (ADPV 16), Wiesbaden 1992, XIV-430 pp., *LA* 47 (1997), 516-522.

A. Koutsoukou-K.W. Russe-M. Najjar-A. Momani, *The Great Temple of Amman. The Excavations*, vol. 2, (ACOR 3), Amman 1997, XI-180 pp., 13 Plates. Figures and Pictures in the Text; Pl. I-III, *LA* 47 (1997), 522-523.

P. Maynor Bikai-W.J. Fulco-J. Marchand, *Tyre. The Shrine of Apollo*, Amman 1996. XIII+85 pp., Plates, Figures, and Pictures in the Text, *LA* 47 (1997), 523-524.

Ricerca in Giordania 20, LA 50 (2000)

L.E. Stager-J.A. Green-M.D. Coogan (Eds.), *The Archaeology of Jordan and Beyond. Essays in Honor of James A. Sauer*, (HSM Publications. Studies in the Archaeology and History of the Levant 1), Winona Lake 2000, *LA* 50 (2000), 501-502.

B. MacDonald-R. Adams-P. Bienkowski (Eds.), *The Archaeology of Jor-dan*, (Levantine Archaeology 1), Sheffield 2001, *LA* 50 (2000), 502-504.

Ricerca in Giordania 21, LA 51 (2001)

SHAJ 7, *Studies in the History and Archaeology of Jordan VII: Jordan by the Millennia*, Amman 2001. 724 p., *LA* 51 (2001), 386-388.

ADAJ 44, *Annual of the Department of Antiquities of Jordan 44. James A. Sauer and Mujahid al-Muheisen Memorial Volume*, Department of Antiq-uities, Amman 2000, *LA* 51 (2001), 388-390.

Martha Sharp Joukowsky (Ed.), *Petra Great Temple, Volume I: Brown University Excavations 1993-1997*, Providence, Rhode Island 1998. xlvi-390 p., *LA* 51 (2001), 391-393.

Ricerca in Giordania 22, **LA 52 *(2002)***

ADAJ 45, *Annual of the Department of Antiquities of Jordan* 45 (2001), Amman 2001, *LA* 52 (2002), 491-492.

ADAJ 46, *Annual of the Department of Antiquities of Jordan* 46. Jum'a Kareem Memorial Volume, Amman 2002, 639+174 p., *LA* 52 (2002), 492-493.

J. Frösén-Zbigniew-T. Fiema (Eds.), *Petra. A City Forgotten and Rediscovered. A Volume associated with the Exhibition Organized by Amos Anderson Art Museum in Helsinki, Finland*, Helsinki 2002. 283 pp., ills., *LA* 52 (2002), 488-490.

Ricerca in Giordania 25, **LA 55 *(2005)***

P. Bienkowski (Ed.), *Busayra Excavations by Cristal-M. Bennett 1971-1980*, (British Academy Monographs in Archaeology No. 13), Oxford University Press, Oxford 2002, *LA* 55 (2005), 504-507.

Segnalazioni di libri nella rivista *La Terra Santa*

Recensione a: N. Avigad, *Discovering Jerusalem*, *La Terra Santa* 40 (1984), 238-239.

Segnalazione delle *Guide di Terra Santa* dei Padri Commissari di TS (C. Baratto, H. Fürst, M. Adinolfi, C. Sáez), *La Terra Santa* 77 (2001), 30-34.

Messaggi di cordoglio

Numerosi sono stati i messaggi di cordoglio pervenuti già dal primo pomeriggio del 18 giugno 2014 e continuati per giorni e settimane, man mano che amici e conoscenti di padre Pietro venivano a conoscenza del suo decesso. Le seguenti persone, qui elencate in ordine cronologico, hanno espresso le loro condoglianze in forma scritta: Elena Bolognesi (ETS-Milano), Franco Sciorilli (Monte Nebo, Giordania); Eusebio González (Roma); Romano Penna (Roma); Paolo Messina (Ragusa); Alessandro Cavicchia (Roma); Vincenzo Lopasso (Catanzaro); José Maria Abrego De Lacy (PIB-Roma); Gianni Caputa (Studio Teologico Salesiano San Paolo, Gerusalemme); Amedeo Ricco (SBF-Gerusalemme); Mauro Maria Morfino (Alghero); Marcel Sigrist (EBAF-Gerusalemme); Giacinto D'Angelo (Salerno); Marcello Fidanzio (Milano-Lugano); Carla Benelli (ATS-Gerusalemme); Franz Sedlmeier (Augsburg); Massimo Carlino (Canicattì); Anton Tyrol (Spis-Slovacchia); Yunus Demirci (Gerusalemme-Istanbul); Claudiu Damian (Romania); Lubomir Majtan (Slovacchia); Piardi Stefano (Italia); Roberto Di Paolo (Pescara); Wilson Sanchez (Colombia); Marc Leroy (Segreteria EBAF-Gerusalemme); Ephrem Ndjoni (Costa d'Avorio); Aleksander Dziadowicz (Polonia); Basema Hamarneh (Enna); Bruno Chiesa (Torino); Jean-Baptiste Humbert (EBAF-Gerusalemme); Giuseppe Schiavariello (Bari); Michelangelo Tabet (Roma); Davide Bianchi (Milano); Valentino Cottini (PISAI-Roma); Raimondo Sinibaldi e Gianantonio Urbani (Vicenza); Mario Cucca (Roma); Matteo Crimella (Milano); Martín Carbajo Núñez (PUA-Roma); Giuseppe De Nardi e Koinonia Giovanni Battista (Tiberiade-Gerusalemme); Emile Puech (EBAF-Gerusalemme); Zbigniew Grochowski (Varsavia, Polonia); Győző Vörös (Amman); Fulvia Ciliberto (Campobasso); Gian Maria Secco Suardo (Torino); Martha Cecilia Morales Olarte (Colombia); Christophe Rico (POLIS-Gerusalemme); Paola Manganiello e comunità Silenziosi Operai della Croce (Colombia); Luca Mazzinghi (ABI-Roma); Flavio Dalla Vecchia

(Milano); Santiago Rostom Maderna (Buenos Aires, Argentina); Luciano Zilli (San Paolo, Brasile); Clarisse di Gerusalemme; Carlos Montaño Vélez (Spagna); Mary Melone (PUA-Roma); Goretti Margarita Flores (Guadalajara, Messico); Daniel Attinger (Monastero di Bose); Roger Nkou Fils (Urbania); Vidal Rodríguez (Roma); Guido Ravaglia (STA-Bologna); Elio Culpo (Bozzolo-MN); Bruno Callegher (Trieste); Daniele Soardo (Povegliano Veronese); Praveen D'Souza (India); Maria Carola Thomann (Salzkotten, Germania); Marcin Chrostowski (Bydgoszcz, Polonia); Rita Campa (Firenze); Giorgio Giurisato (Einsiedeln, Svizzera); Maria Jiang (Cina); Maria Grazia Tibaldi (FIAC-Roma); František Trstenský (Spis, Slovacchia); Laura Paladino (Roma); Lino Breda (Monastero di Bose); Valentino Romagnoli (Vignola); Vlastiml Chovanec (Rwanda); Roberto Rita (Roma); Marco Zanotti (Bologna). Riportiamo qui di seguito i messaggi più significativi fra quelli che sono pervenuti.

Eusebio González, Docente alla Università Pontificia della Santa Croce (Roma)

Questa che mi è arrivata oggi è probabilmente la peggiore notizia che ho ricevuto in quest'anno e forse negli ultimi anni. Padre Pietro è una delle persone più gentili, cortesi, laboriose, servizievoli... che ho conosciuto in vita mia. Io, che lo conoscevo poco, sono profondamente amareggiato, fino alle lacrime, non ho paura di ammetterlo. Immagino come sarete voi.

La Provvidenza sta colpendo fortemente lo SBF negli ultimi anni... soprattutto in ambito archeologico. Prego affinché vi restituisca molto più di quanto vi toglie. Ma vi toglie veramente tanto...

Sono sicuro comunque che padre Pietro era ed è molto buono, direi quasi troppo buono... E questi Dio li prende sempre con sé.

Che Dio vi dia pace, a tutti quanti che lo abbiamo perso, e vi ricolmi di tutto ciò di cui avrete bisogno in questi giorni di dolore.

Un abbraccio e unione nelle preghiere.

José Maria Abrego De Lacy, Rettore del Pontificio Istituto Biblico di Roma (lettera inviata al Rettore della PUA)

Ho appena ricevuto la notizia della morte di P. Kaswalder e non riesco a farmene una ragione. Era il ponte che rendeva valido il nostro accordo con lo *Studium Biblicum Franciscanum*; a lui dobbiamo molto per la sua dedizione, nell'arco di diversi anni, nell'insegnare ai nostri studenti di archeologia, geografia e storia nel mese di settembre. È stato molto caro ai nostri studenti e al docente che lo ha affiancato nel corso dell'anno passato. Guardando il sito dello *Studium*, dato che tu figuri come Vice-rettore, ti prego di esprimere le mie condoglianze. Quindi mi sono rivolto a te che saprai trasmettere nel modo migliore i miei sentimenti ai membri dello *Studium* e della Custodia. Che Dio ricompensi abbondantemente il suo servizio in Terra Santa, che avremmo voluto un po' più lungo. Sinceramente non riesco a trovare le parole per esprimere la mia sorpresa e il mio dolore.

Gianni Caputa, Docente dello Studio Teologico Salesiano San Paolo-Ratisbonne (Gerusalemme)

Condoglianze per la scomparsa di p. Pietro Kaswalder, "Pierino" come affettuosamente lo chiamavate. Imprevista, improvvisa e prematura, perciò ancora più dolorosa. Domattina celebro la santa Messa in suo suffragio e anche per chiedere per voi la fortezza della fede e la consolazione della speranza. San Francesco introduca questo suo degno figlio e imitatore nella gioia del Paradiso, in quella Terra dei Viventi di cui è solo una immagine questa Terra Santa che lui amava e faceva conoscere ai tanti allievi. Gusterà il mistero del *Corpus Domini* nella visione beatifica, dopo averlo celebrato nella fede sotto le specie eucaristiche.

Il Signore vi aiuti a colmare il vuoto lasciato da p. Pietro con personale zelante e competente come era lui.

Un fraterno affettuoso abbraccio a tutti. E sentite condoglianze anche da parte della nostra Comunità Salesiana di "Ratisbonne".

Amedeo Ricco, Rappresentante degli studenti dello SBF

Ci hai lasciati all'improvviso, senza far rumore... lo Studio Biblico ti è debitore, così come generazioni e generazioni di studenti, che hanno conosciuto il tuo rigore scientifico e la tua pazienza amabile nel far conoscere questa Terra della Promessa. Ci hai lasciati senza parole oggi. Tutti gli attimi delle escursioni bibliche, quello che abbiamo imparato da te e le volte che ci hai fatto sorridere, ora li porteremo con noi. Arrivederci fra Pietro, e grazie per averci fatto da guida paziente e fedele nei testi e per le strade di questa Terra, tra polvere, tesori, e sussurri perenni di Dio. Abramo e i patriarchi riconoscano nel tuo passo il loro stesso peregrinare, e Cristo ti ricompensi, per le tue fatiche, con la vera Promessa e l'ultima Terra.

Carla Benelli, ATS-Associazione pro Terra Sancta (Gerusalemme)

Da parte mia, di Osama e di tutto il gruppo di ragazzi e ragazze del Mosaic Centre e dell'ATS facciamo a te e a tutta la comunità dello *Studium Biblicum* le nostre più sentite condoglianze per la perdita così improvvisa di fra Pietro Kaswalder. Fra Pietro è stato uno dei nostri più cari sostenitori ed è grazie a lui se siamo riusciti a trovare il sostegno in Italia per il progetto di restauro del Getsemani che ci ha permesso di formare il nuovo gruppo di mosaicisti. A breve avvieremo il progetto di restauro al Dominus Flevit, e anche in questo caso l'aiuto di fra Pietro e i suoi contatti trentini sono stati determinanti. Il suo ricordo ci accompagnerà e speriamo ci continui ad aiutare. Siamo vicini a tutti voi.

Franz Sedlmeier, Docente invitato allo SBF (Augsburg)

Con dolore ho accolto la vostra notizia che il Buon Dio ha chiamato fra Pietro Kaswalder d'improvviso nella Sua casa.

Quanto ho potuto godere le sue escursioni! Ricordo bene le sue barzellette e le risate fatte insieme – con un buon espresso in mano.

Vi assicuro la mia preghiera per fra Pietro. Condivido con Voi la certezza che la Fede ci dona, che Pietro è tornato nella casa del Padre celeste.

Unito con Voi nel dolore, nella fiducia e nella preghiera.

Anton Tyrol, Docente all'Università Cattolica Ruzomberok; Vicario generale della diocesi di Spis (Slovacchia)

Con grande dolore ho letto oggi la notizia della morte repentina del padre Pietro Kaswalder, OFM. Nella mia mente affiorano tantissimi ricordi dai tempi dello studio negli anni 1993-1996 con padre Pietro, dalle lezioni e anche dalle escursioni... il suo sguardo benevolo e favorevole.

Nell'anno 2011 ci ha visitato in Slovacchia, i suoi studenti a Spis, Badin, Bratislava, i credenti a Stará Lubovna durante la messa domenicale e ad una conferenza nel pomeriggio. Nella Radio slovacca *Lumen* ha parlato della situazione in Terra Santa competentemente, a livello alto e preciso, in maniera assai piacevole e comprensibile per tutti i possibili ascoltatori. Ha suscitato grande entusiasmo.

Vorrei, personalmente e anche a nome degli altri studenti dalla Slovacchia, e soprattutto in nome del mio vescovo, mons. Stefan Secka, esprimere un ringraziamento profondo per la sua grande scienza e per il suo grande cuore che abbiamo potuto conoscere nel corso degli anni benedetti della nostra presenza presso di Lui.

Affidiamo padre Pietro a Dio Padre misericordioso nella preghiera per la sua anima.

Marc Leroy, Segretario accademico dell'École Biblique et Archéologique Française (Gerusalemme)

In primo luogo il nostro cordoglio cristiano per la morte di padre Pietro Kaswalder. La notizia ha davvero sconvolto l'École. Perdete un prezioso fratello, ma noi speriamo e preghiamo che ora riceviate un fratello che intercede per voi e che padre Pietro Kaswalder riceva ora il riposo eterno nella casa del Padre per tutto il suo lavoro e il dono che è stato per noi sulla terra.

Jean-Baptiste Humbert, docente dell'EBAF (Gerusalemme)

Voglio dire subito, a tutti i nostri fratelli della Flagellazione, il mio stupore e il mio grande dolore di ieri quando ho appreso che Pietro era morto. Quasi incredibile, sembrava così solido e nel fiore della vita. Mi ricordo quando venne a Gerusalemme e ora lo vedo partire. Aveva un carattere riservato, ma era giusto e affidabile. Ora mi dispiace che le nostre relazioni con la Flagellazione sono così "allungate". L'amicizia c'è, ma a volte manca il tempo di manifestarla.

Giuseppe Schiavariello, Dottorando di ricerca in Storia antica e Archeologia classica

Ho appreso qualche ora fa quanto accaduto a padre Pietro Kaswalder.

Ho avuto modo di conoscerlo durante l'anno 2012 quando, come volontario del Servizio Civile Italiano, ho lavorato presso il Museo dello *Studium Biblicum Franciscanum*.

Attraverso le sue lezioni e le visite da lui guidate è riuscito a trasmettermi un patrimonio immenso di informazioni, curiosità, dati storico-geografici sulle terre bibliche.

Serbo un piacevole ricordo di lui: sempre disponibile, molto preciso e contento di poter condividere con gli altri le sue nozioni e i suoi numerosi e validi studi.

Sono pertanto sicuro che padre Pietro, dalla Gerusalemme celeste, continuerà ad accompagnare con cura e attenzione quanti, dopo lui, proseguiranno le sue attività e le sue ricerche.

In questo momento mi associo al dolore della famiglia e di voi suoi confratelli.

Raimondo Sinibaldi e **Gianantonio Urban**i, Ufficio pellegrinaggi diocesano (Vicenza)

Vi raggiungiamo in questo momento di dolore improvviso per il ritorno alla casa del Padre del carissimo p. Pietro.

La sua conoscenza delle Terre Bibliche ci ha sempre stimolato ad approfondire e a inserire nei nostri programmi di pellegrinaggio e di studio i preziosi insegnamenti derivati dai suoi studi.

Siamo consapevoli che è una profonda perdita umana e accademica e vogliamo esservi vicini con la preghiera e il ricordo.

Chiediamo allo Spirito di Dio di continuare a soffiare le sue Benedizioni sull'operato dello *Studium*.

Per il carissimo Pietro invochiamo la Pace affinché, come servo buono e fedele, possa contemplare la Gerusalemme Celeste, specchio perfetto della Gerusalemme terrena che tanto ha amato e studiato.

Martín Carbajo Núñez, Vice-Rettore Magnifico della Pontificia Università "Antonianum" (Roma)

Con grande dolore abbiamo appreso la notizia dell'improvvisa scomparsa del nostro confratello Pietro Kaswalder, professore della nostra Università.

Come vero figlio di san Francesco, fra Pietro amava tanto la Terra Santa. È da sottolineare la sua partecipazione costante alla vita scientifica della Facoltà. Alle sue preziose pubblicazioni si aggiunge il lavoro eccellente come docente di Esegesi dell'Antico Testamento e di Geografia biblica. Per lunghissimi anni ha fatto da guida competente per le escursioni biblico-archeologiche sia in Terra Santa che al di fuori di essa.

In questo momento così doloroso per noi tutti, a nome dell'intera comunità accademica della Pontificia Università Antonianum, a tutta la Facoltà di Scienze Bibliche e Archeologia porgo le più sentite condoglianze.

Eleviamo le nostre preghiere al Signore della Vita perché conceda l'eterno riposo al caro confratello defunto, fra Pietro, e doni la consolazione e la pace a tutti noi che ne piangiamo la scomparsa.

Győző Vörös, Direttore della Missione archeologica ungherese in Giordania (Amman)

Vi prego di accettare le nostre più sentite condoglianze per la perdita del vostro caro fratello Pietro Kaswalder. Per noi (come si vede in una foto scattata durante gli scavi) resterà sempre alla luce del sole, sulla cima di Macheronte, come uno dei nostri grandi predecessori.

Paola Manganiello e comunità, Silenziosi Operai della Croce (Colombia)
Abbiamo appreso la dolorosa notizia della morte del carissimo p. Pietro Kaswalder. Ne abbiamo tutti un ricordo segnato da una amabilità sapiente, che sapeva offrire con generosità.

Abbiamo condiviso in modi e tempi diversi il cammino della vostra comunità. Vi assicuriamo la nostra presenza fraterna e grata in questo momento sofferto.

Il Signore Risorto, che ci vivifica in ogni istante, sia gioia e pace; dono dell'Amore che nell'eucaristia tutti ci riunisce, insieme a p. Pietro.

Luca Mazzinghi, Presidente dell'Associazione Biblica Italiana (Roma)
Ti scrivo per assicurarti la partecipazione della nostra Associazione Biblica Italiana per la morte di p. Pietro Kaswalder (nostro socio) che abbiamo da poco appreso.

Insieme a tutto il consiglio di presidenza e a nome dell'intera Associazione, ringraziamo il Signore per p. Pietro, per il suo studio, la sua amicizia, la sua presenza in mezzo a noi e preghiamo perché egli lo accolga con se: «Agli occhi degli stolti parve che morissero, ma essi sono nella pace» (Sap 3). Non c'è bisogno che mi soffermi io sulla figura di p. Pietro, che tutti ricordiamo con grande stima e molto affetto.

Assicuriamo la nostra preghiera anche per tutta la famiglia dello *Studium Biblicum* di Gerusalemme, che sentiamo oggi particolarmente vicina.

Luciano Zilli, ex studente, Brasile
Ho appena ricevuto questa dolorosa notizia riguardo alla dipartita così inaspettata del nostro grande e caro padre Kaswalder. Faccio ancora fatica a credere che ciò sia accaduto. Pochi giorni fa insegnavo qui nel nostro seminario la Storia di Israele e citavo spesso padre Kaswalder. Per me resterà impossibile pensare la Sacra Scrittura senza ricordare le sue appassionate lezioni. Una grandissima perdita non solo per lo SBF, ma per l'esegesi cattolica. Che Dio lo accolga nella Gerusalemme Celeste, lui che ha tanto amato la Gerusalemme di quaggiù.

Sorelle Clarisse di Gerusalemme
Spontaneamente pensiamo a voi che siete stati i fratelli più "quotidiani"

che hanno vissuto, gioito, sopportato, goduto, conosciuto p. Pietro… nei suoi giorni di sole e di maltempo, di tempesta e di bonaccia…

Custodiamo di padre Pietro un ricordo davvero bello, particolare, che in questi anni è cresciuto, scoprendo quel lato di lui più fraterno e gratuito, discreto e attento, che spesso rimaneva nascosto dietro la scorza dura del suo carattere.

Non possiamo tacere l'attenzione e sollecitudine che aveva nei nostri confronti in ogni momento – anche nei nostri giorni di maltempo e di tempesta – con le sue visite, sempre improvvise, ma fedeli e regolari. Volentieri accompagnava i nostri familiari o amici in piccoli pellegrinaggi. Mai veniva a mani vuote, talvolta con un pacchetto di caffè, o con un pò di grana, o con uno speck… condivisione dal gusto spiccatamente trentino; se non aveva nulla, ci lasciava anche solo le due caramelle che aveva in tasca! Ciò che non mancava mai, poi, era l'aggiornamento di ciò che macinava nel suo studio o bolliva in pentola per il restauro dei santuari, qualche brontolamento qua e là, escursioni, lavori e contatti con i benefattori…

La sua morte improvvisa è una bella "lezione"; in quel momento il Signore passa e ci chiede di seguirLo… Ci piace pensare che sia andata come quel giorno in cui ha lasciato la casa paterna: sollecitato dalle nostre domande sulla sua vocazione, p. Pietro ci aveva raccontato che a 10 anni era in giardino con sua madre, quando è passato un frate che faceva la missione e ha domandato: «Cosa facciamo con *sto matelot*?», e di lì a poco si è ritrovato nel piccolo seminario dei francescani di Trento. Ci piace pensare che anche ieri notte il Signore è passato, l'ha chiamato e – così com'era – l'ha seguito.

Carlos Montaño Vélez, ex studente, Spagna

Il mio cuore sarà sempre vicino allo SBF per il fatto che ho incontrato in mezzo a voi non solo l'amore per la Parola, ma anche la carità fraterna. Così ho conosciuto il padre Kaswalder e così lo ricordo oggi con la tristezza profonda che mi ha procurato la notizia del suo ritorno al Padre.

Mi unisco al dolore che state vivendo tutti allo *Studium*. Dio vi conceda fortezza e speranza per andare avanti.

So che avete molte fotografie di lui; ci sono state tante escursioni… Ne condivido una che tengo come speciale ricordo del padre Pietro. Proseguirò le sue lezioni mostrando l'amore per la Terra Santa nella quale egli fu maestro, guida e pastore.

Un abbraccio fraterno e un ricordo con immenso apprezzamento e gratitudine.

Mary Melone, Decano della Facoltà di Teologia, PUA (Roma)

Ho appreso con sorpresa, come tutti del resto, la notizia della scomparsa di P. Kaswalder. Mi dispiace tanto e vorrei assicurarti anche la mia vicinanza e la mia preghiera. In particolare, immagino anche il vuoto lasciato nella comunità accademica. Sentimi vicina con l'affetto e il ricordo al Signore.

Goretti Margarita Flores, ex studentessa (Messico)

Il mio ricordo pieno di gratitudine e affetto per ognuno di voi unito alla sofferenza che comporta questa terribile notizia della scomparsa del nostro carissimo e prezioso P. Kaswalder.

Tutti questi giorni, mentre prego il rosario con mia mamma e guardo la sua fotografia, i miei occhi si riempiono di lacrime e in certo modo sento la rabbia di perdere un frate prezioso per tutti noi e per lo SBF, ma come ha detto il suo provinciale ricordando le parole del profeta Isaia, le nostre vie non sono le vie del Signore.

Posso immaginare e sentire, forse con non meno dolore che voi, quanto significa questa perdita, anche se la fede illumina tutto con una nuova luce; e unita a voi chiedo al Signore il conforto, la rassegnazione e che aumenti la nostra fiducia totale che Lui con i mezzi che abbiamo continuerà la sua opera, non per i nostri meriti o mezzi ma perché la Sua somma volontà manifestata nella sua Parola eterna e rigenerante faccia sempre germogliare persone appassionate per essa e per la Sua Terra Santa che io non meno di voi amo con tutto il mio essere.

E a te, carissimo Pietro, ti porto nel mio cuore, nel mio nuovo destino come insegnante della parola di Dio e della Terra Santa, nel nuovo ministero e nella nuova mia missione di fondare un istituto biblico in Campeche, Messico. Mi porto la tua passione e la tua scienza, i tuoi scherzi e la tua disponibilità ad aiutarmi sempre a prepararmi meglio, il nostro Padre Eterno ti colmi di gioia e pace per tutto il tuo impegno gratuito che mi hai mostrato e la vicinanza che mi hai fatto sentire. E porto con me il tuo sorriso finché il Signore porterà anche me in cielo. Ti voglio bene e resta sempre vicino a noi!

Daniel Attinger, Monastero di Bose

Ho appena ricevuto un messaggio che mi annuncia la morte improvvisa di Pietro Kaswalder. Non posso non pensare a voi tutti della Flagellazione. Chi avrebbe mai pensato che se ne sarebbe andato così in fretta, lui che era così pieno di vitalità e giovane? Per voi si riaccendono dolori che ricordano la morte di Michele Piccirillo. Certo, non siamo senza speranza di fronte alla morte – anche se non siamo ancora tutti pervenuti a chiamarla sorella morte corporale –, ma il vuoto che lascia nel corpo degli insegnanti della Flagellazione creerà senza dubbio altre difficoltà per voi. Sappi comunque che vi ricordo nella mia preghiera.

Roger Nkou Fils, ex studente (Urbania)

Con tanta amarezza e dolore ho saputo oggi della morte improvvisa di padre Pietro Kaswalder, che ho avuto come insegnante di esegesi dell'AT, escursioni bibliche e archeologiche durante la mia permanenza a Gerusalemme. Partecipo al dolore che ha colpito l'ordine francescano presentando le mie più sentite condoglianze alla Custodia di Terra Santa, in modo particolare allo *Studium Biblicum* e al convento della Flagellazione dove ho studiato e vissuto per tanti anni e di cui ho un bellissimo ricordo.

A tutti coraggio e cordiali saluti con l'auspicio che l'opera dell'amico Pietro possa essere portata avanti dalle generazioni successive.

Vidal Rodríguez, Segretario generale per la formazione e gli studi OFM (Roma)

Nell'apprendere la triste notizia della morte del padre Pietro Alberto Kaswalder, professore dello SBF nella Custodia della Terra Santa, voglio unirmi a voi e a tutta la comunità accademica e della Custodia, nell'alzare al Signore, che lo ha chiamato alla casa del Padre, una preghiera sincera.

La sua competenza accademica e la sua proficua attività archeologica sono state un contributo prezioso allo studio e all'insegnamento della Sacra Scrittura; un vuoto che sarà difficile colmare.

Affidiamo al Signore, pane di vita e calice di salvezza, il nostro confratello, che è venuto a mancare improvvisamente nella solennità del *Corpus Domini*, perché possa vivere la Pasqua che non ha fine, nella Gerusalemme celeste, quella che ha cercato e annunziato con la sua vocazione e vita religiosa e sacerdotale, proprio con la missione scientifica per la Sacra Scrittura.

Guido Ravaglia, Direttore dello Studio Teologico Antoniano (Bologna)

Vi porgo le condoglianze per la morte improvvisa di p. Pietro Kaswalder che conobbi una quindicina di anni fa e di cui ho apprezzato la sincera fraternità. Accompagnò per due volte il gruppo dei professori e degli studenti dello Studio teologico S. Antonio di Bologna in Terra Santa con vera competenza biblica ed archeologica. Anche se da allora ci siamo rivisti poche volte mi sentivo legato a lui a livello di orizzonti di vita francescana e di studio.

Indubbiamente le vie del Signore sono veramente sue e solo a fatica diventano nostre. Mi unisco a voi nel ricordo della preghiera di suffragio.

Maria Carola Thomann, ex studentessa (Salzkotten, Germania)

Grazie per avermi comunicato che fra Pietro Kaswalder è tornato alla casa del Padre. Cerco di immaginare come tutti sarete scioccati.

Vi assicuro la mia preghiera per fra Pietro che ha dedicato la sua vita alla Parola di Dio e alle tracce della Parola di Dio e del suo popolo in Terra Santa. Possa Pietro godere ora la pienezza di vita e di amore alla presenza del Signore e il Signore risorto conforti tutti voi e rafforzi la vostra fede e la vostra importante presenza e servizio agli studenti e ai molti altri.

Con gratitudine mi ricordo il tempo trascorso al *Biblicum* e l'incontro con molte brave persone, tra le quali fra Pietro. Non dimenticherò mai la sua guida competente per i diversi luoghi che abbiamo visitato. Solo il Signore stesso sa quanto ha trasmesso agli studenti e alle numerose persone interessate. Il Signore stesso sarà la sua ricompensa!

Durante gli ultimi giorni ho pensato a fra Pietro senza sapere perché… Possa egli ora essere a casa con il Signore!

Siate certi della mia preghiera non solo per fra Pietro, ma per tutti voi del *Biblicum* e della Custodia.

Marcin Chrostowski, Seminario Maggiore, Diocesi di Bydgoszcz (Polonia)

La comunità del nostro Seminario Maggiore della Diocesi di Bydgoszcz, in Polonia, ha ricordato padre Pietro durante la preghiera dei fedeli nella Santa Messa questa mattina.

Come potete immaginare non mi è stato possibile essere presente con voi. Tuttavia, la comunione in Cristo permette a noi cristiani una reale vicinanza spirituale, in cui condividiamo la preghiera e l'affetto dell'anima.

Sono triste ma, nonostante tutto, ringrazio Dio per il dono della vita di padre Pietro. Egli era non solo un grande professore di Sacra Scrittura, ma soprattutto una persona che vive nella memoria del Signore. Questa relazione con Lui è più profonda dell'abisso della morte. È un legame che nulla e nessuno può spezzare, come dice san Paolo: «[Nulla] potrà mai separarci dall'amore di Dio, che è in Cristo Gesù, nostro Signore» (Rm 8,39).

In questa fede piena di speranza, che è la fede di Maria presso la croce di Gesù, ricordo padre Pietro nella mia preghiera.

František Trstenský, ex studente (Slovacchia)

Poche settimane fa è arrivata la notizia molto triste riguardante la morte del prof. Pietro Kaswalder, uno dei miei professori più cari allo SBF e anche, potrei dire, un mio caro amico. Ricordo la visita accademica del prof. Kaswalder in Slovacchia nel 2011. Quando ho saputo della sua morte ho deciso di dedicare la trasmissione nella radio cattolica in Slovacchia (radio *Lumen*) al ricordo del prof. Kaswalder.

Laura Paladino, docente all'Università Europea di Roma

Sono ancora sconvolta dalla notizia di padre Pietro: l'ho ricevuta quasi in tempo reale, a Roma pioveva a dirotto… Ero vicino a San Giovanni, sono andata a pregare, ero senza parole… Quanti ricordi, quante memorie belle: fu la guida del mio primo pellegrinaggio in Terra Santa, ormai più di 20 anni fa, contagioso con la sua passione e con la sua sapienza.

Ho saputo che è stato tutto improvviso, un infarto mi hanno detto. Che è andato via nel sonno, il Signore lo ha voluto con sé nel silenzio e nell'umiltà con cui è sempre vissuto… Che dispiacere!

È una perdita enorme, per tutto lo Studio Biblico, e per tutti noi che lo abbiamo conosciuto e gli abbiamo voluto bene, ma sappiamo che ora ci protegge dalla Gerusalemme del Cielo, dopo averci raccontato e fatto amare quella della terra.

Ho appena visto il video del Franciscan Media Center, un ricordo bello e pieno di emozione. La gratitudine è quello che sgorga dal cuore: grazie al Signore che ce lo ha dato, grazie a padre Pietro per quello che ci ha dato e grazie a tutti Voi Frati di Terra Santa, che continuate a portare avanti una missione importante, segno di speranza per ognuno di noi. Sappiate sempre che vi voglio bene e prego ogni giorno per tutti Voi.

Vlastiml Chovanec, ex studente, missionario in Rwanda

Per varie situazioni che siamo chiamati ad affrontare nella missione in Rwanda da dove le scrivo, solo oggi sono venuto a conoscenza della scomparsa di p. Pietro Kaswalder. Come per tutti quelli che lo hanno conosciuto anche per me la notizia è stata scioccante.

Nel secondo semestre dell'anno accademico 2009-2010, con il gruppo degli studenti provenienti dalla PUG di Roma, ho avuto la grazia di vivere in

Terra Santa e, tra tanti bravi professori, conoscere p. Kaswalder. Ho fatto con lui il corso su Giosuè e poi naturalmente le escursioni di cui tuttora porto la viva memoria. Ringrazio il Signore di averlo conosciuto e sono enormemente riconoscente per ciò che con lui ho appreso.

In particolare ricordo la disponibilità di p. Kaswalder. Al corso su Giosuè lui ha presentato il libro di Richard S. Hess sull'argomento trattato. Dopo la lezione gli ho chiesto come averlo/dove acquistarlo e siccome sapeva che a Gerusalemme era un po' difficile trovarlo, allora mi ha dato il suo dicendomi di tenerlo fino alla fine del semestre.

Roberto Rita, animatore di pellegrinaggio cristiano in Terra Santa (Roma)

Apprendo soltanto in questo momento che il caro padre Pietro è tornato alla casa del Padre. Voglio dirvi che partecipo al vostro dolore.

Nello stesso tempo sono grato a Dio che ha voluto richiamare a sé un Vostro / nostro Angelo, certo che intercederà per ognuno di Voi, per la Missione della Custodia e per la Terra Santa che tanto ha amato.

Ho potuto toccare con mano l'intensità di questo Amore, ricevendone "profondi raggi". Anche io posso dire, nel mio totalmente piccolo, di aver ricevuto tanto dal padre Pietro, come da ognuno di Voi.

Omelie

Omelia di p. Massimo Pazzini al funerale
(Gerusalemme, 21 giugno 2014)

Nelle prime ore di mercoledì 18 giugno è tornato alla casa del Padre celeste Pietro Alberto Kaswalder, francescano. Sorella morte è venuta a prenderlo nel sonno quasi alla vigilia del suo sessantaduesimo compleanno.

Le sorelle Clarisse di Gerusalemme hanno immaginato questo incontro. Scrivono, nel loro ricordo: «Ci piace pensare che sia andata come quel giorno in cui ha lasciato la casa paterna. Sollecitato dalle nostre domande sulla sua vocazione, p. Pietro ci aveva raccontato che a 10 anni era in giardino con sua madre, quando è passato un frate che faceva la missione e ha domandato: "Cosa facciamo con 'sto matelot?", e di lì a poco si è ritrovato nel piccolo seminario dei francescani di Trento. Ci piace pensare che anche ora il Signore è passato, l'ha chiamato e – così com'era – l'ha seguito».

Padre Pietro era nato il 22 giugno 1952 a Roverè della Luna (Trento, Italia) e dal 28 settembre 1968 era membro della Provincia dei Frati Minori di San Vigilio in Trentino. Fu ordinato presbitero il 26 giugno 1977. Dopo due anni di ministero pastorale a Gorizia, i Superiori lo inviarono a studiare presso lo *Studium Biblicum Franciscanum* di Gerusalemme. Ogni tanto padre Pietro raccontava il suo primo mese in Terra Santa, trascorso al caldo di Cafarnao, insieme a padre Virginio Ravanelli, che gli insegnava l'ebraico biblico… Un sentito ringraziamento vada alla Provincia Francescana Tridentina che ha inviato diversi frati in servizio alla Custodia di Terra Santa; due di questi, padre Virginio e padre Pietro, hanno abitato allo Studio Biblico Francescano (ubicato nel convento della Flagellazione) e qui hanno trascorso l'intera loro vita di studiosi.

Nel 1981 padre Pietro conseguì la Licenza e nel 1988 la Laurea in Teologia con specializzazione biblica. Cooptato dallo SBF nel 1984, dopo la Laurea iniziò l'insegnamento nella stessa Facoltà; è stato professore ordinario di Introduzione ed Esegesi dell'Antico Testamento e stimata guida delle Escursioni bibliche e archeologiche. Per alcuni anni aveva insegnato presso lo *Studium Theologicum Jerosolymitanum* e, come docente invitato, in altre istituzioni teologiche (Zambia, Italia). Dall'anno 2000 era organizzatore e responsabile del corso di archeologia e geografia biblica che ogni anno il Pontificio Istituto Biblico (Roma) tiene in Terra Santa. Di questa esperienza, che durava quasi un mese e gli costava non poca fatica e sudore, fu particolarmente entusiasta fin dall'inizio.

Da giovane aveva partecipato a campagne di scavo in Giordania e a Cafarnao insieme agli archeologi dello *Studium*. Ha pubblicato diverse monografie di carattere biblico, storico e archeologico, e numerosi articoli scientifici e di alta divulgazione. Era collaboratore stabile delle riviste di Terra Santa edite dalla Custodia. Non mi dilungo su queste cose che potete trovare comodamente nella pagina web dello SBF. Lo scorso 18 marzo il Custode di Terra Santa lo aveva nominato Direttore responsabile dei lavori di ristrutturazione del Parco archeologico di Cafarnao. Si è trasferito per alcune settimane a Cafarnao durante la posa della nuova pavimentazione in porfido trentino.

Padre Pietro aveva ricevuto dalla natura un carattere schietto che lo portava ad affermare liberamente e senza peli sulla lingua quello che pensava, ma riusciva a lasciarsi coinvolgere in progetti e imprese di collaborazione. Recentemente si era impegnato come coordinatore di diversi progetti che coinvolgevano enti e istituzioni della Provincia di Trento e la Custodia di Terra Santa.

Con padre Kaswalder scompare un discepolo di una generazione di archeologi e docenti che hanno segnato la storia dello *Studium Biblicum Franciscanum*. Della precedente generazione aveva ereditato l'amore per la Terra Santa e la dedizione per la riscoperta e la conservazione delle memorie bibliche e dei santuari. Teneva i suoi corsi di Escursioni con entusiasmo, suscitando negli studenti un vivo interesse per i siti archeologici e per la Sacra Scrittura. Lascia anche lui una schiera di studenti sparsi in varie parti del mondo.

Voglio offrirvi qualche testimonianza fra le tante pervenute in questi giorni:

Un docente dell'Università della Santa Croce (Roma) scrive: «Padre Pietro è una delle persone più gentili, cortesi, laboriose e servizievoli che ho conosciuto in vita mia. La Provvidenza sta colpendo fortemente lo SBF negli ultimi anni soprattutto in ambito archeologico. Prego affinché vi restituisca molto di più di quanto vi toglie. Ma vi toglie veramente tanto...».

Il Rettore del Pontificio Istituto Biblico scrive: «P. Kaswalder era il ponte che rendeva solido il nostro accordo con lo *Studium Biblicum Franciscanu*m; a lui dobbiamo molto per la sua dedizione, nell'arco di diversi anni, ai nostri studenti di archeologia, geografia e storia nel mese di settembre».

Un docente dello Studio Teologico Salesiano di Gerusalemme scrive: «Condoglianze per la scomparsa di p. Pietro Kaswalder, "Pierino" come affettuosamente lo chiamavate. Imprevista, improvvisa e prematura, perciò ancora più dolorosa. San Francesco introduca questo suo degno figlio e imitatore nella gioia del Paradiso, in quella Terra dei Viventi di cui è solo una immagine questa Terra Santa che lui amava e faceva conoscere ai tanti allievi».

I nostri studenti hanno scritto: «Lo Studio Biblico ti è debitore, così come generazioni e generazioni di studenti, che hanno conosciuto il tuo rigore scientifico e la tua pazienza amabile nel far conoscere questa Terra della Promessa. Ci hai lasciati senza parole oggi. Tutti gli attimi delle escursioni bibliche, quello che abbiamo imparato da te e le volte che ci hai fatto sorridere, ora li porteremo con noi».

I ragazzi e le ragazze del Mosaic Centre e dell'ATS (Associazione Pro-Terra Sancta) testimoniano: «Fra Pietro è stato uno dei nostri più cari sostenitori ed è grazie a lui se siamo riusciti a trovare il sostegno in Italia per il progetto di restauro del Getsemani che ci ha permesso di formare il nuovo gruppo di mosaicisti. A breve avvieremo il progetto di restauro al Dominus Flevit, e anche in questo caso l'aiuto di Fra Pietro e i suoi contatti trentini sono stati determinanti. Il suo ricordo ci accompagnerà e speriamo ci continui ad aiutare».

Un nostro ex-studente dalla Slovacchia comunica: «Nell'anno 2011 ci ha visitato in Slovacchia, incontrando gli studenti a Spis, Badin, Bratislava, e i fedeli a Stará Lubovna durante la messa domenicale e a una conferenza nel pomeriggio. Alla Radio slovacca *Lumen* ha parlato della situazione in Terra Santa suscitando un grande entusiasmo. Vorrei personalmente e anche a nome degli altri studenti dalla Slovacchia esprimere un ringraziamento profondo per la sua grande scienza e per il suo grande cuore che ci ha fatto conoscere nel corso degli anni».

Dall'École Biblique di Gerusalemme: «Perdete un prezioso fratello, ma noi speriamo e preghiamo che ora riceviate un fratello che intercede per voi; siamo certi che padre Pietro Kaswalder riceverà ora il riposo eterno nella casa del Padre per tutto il suo lavoro e per il dono che è stato per tutti noi sulla terra». E un altro confratello domenicano dell'EBAF aggiunge: «Voglio dire subito a tutti i nostri fratelli della Flagellazione il mio stupore e il mio grande dolore nel momento in cui ho appreso questa notizia. Quasi incredibile, sembrava così solido e nel fiore della vita. Mi ricordo ancora quando venne a Gerusalemme e ora lo vedo partire».

Scrive un dottorando, volontario presso il nostro museo archeologico: «Ho avuto modo di conoscerlo durante l'anno 2012 quando, come volontario del Servizio Civile Italiano, ho lavorato presso il Museo dello *Studium Biblicum Franciscanum*. Attraverso le sue lezioni e le visite da lui guidate è riuscito a trasmettermi un patrimonio immenso di informazioni, curiosità, dati storico-geografici sulle terre bibliche. Serbo un piacevole ricordo di lui: sempre disponibile, molto preciso e contento di poter condividere con gli altri le sue nozioni e i suoi numerosi e validi studi».

Dall'Ufficio pellegrinaggi di Vicenza: «La sua conoscenza delle Terre Bibliche ci ha sempre stimolato ad approfondire e a inserire nei nostri programmi di pellegrinaggio e di studio i preziosi insegnamenti derivati dai suoi studi. Siamo consapevoli che è una profonda perdita umana e accademica e vogliamo esservi vicini con la preghiera e il ricordo».

Il Rettore magnifico della nostra Università scrive da Roma: «Come vero figlio di san Francesco, fra Pietro amava tanto la Terra Santa. Alle sue preziose pubblicazioni si aggiunge il lavoro eccellente come docente di Esegesi dell'Antico Testamento e di Geografia biblica. Per lunghissimi anni ha fatto da guida competente per le escursioni biblico-archeologiche sia in Terra Santa che al di fuori di essa».

Dalla Missione archeologica ungherese (commentando una foto ormai storica che lo ritrae giovanissimo insieme a Corbo, Loffreda e Alliata): «Per noi egli starà sempre in piedi, alla luce del sole, sulla cima del sito di Macheronte, come uno dei nostri grandi predecessori».

Termino con l'immagine inviata ieri da un ex-studente dove si vede padre Pietro a Masada che allunga la mano con un pezzetto di pane, e un uccello va a beccare sulla sua mano: «So che avete molte foto di lui... ci sono state tante escursioni! Ne condivido una che conservo con particolare simpatia». Ebbene, entrato nella sua camera tre giorni or sono, ho trovato vicino alla finestra una vaschettina di plastica con delle briciole di pane che avrebbe voluto gettare agli uccelli, come faceva da tempo. Dunque proprio questo, e sino alla fine, era l'uomo Pietro Alberto Kaswalder!

Ora affidiamo il nostro fratello Pietro alla Misericordia divina. La morte del cristiano non è solo il termine del suo cammino terreno. È anche il passaggio/transito alla vita celeste. La morte di un francescano, poi, rappresenta il conseguimento di una meta. Con una bella immagine possiamo descrivere la nostra vita come quella di un bambino nel seno materno: un periodo di gestazione, di lotte, di prime scelte. Con la morte l'uomo incontra ciò che è l'oggetto delle sue aspirazioni più profonde; si trova di fronte a Cristo e questa è la scelta definitiva, costruita a poco a poco con tutte le scelte quotidiane e parziali della vita terrena.

Gesù ci ha assicurato: «Questa è la volontà del Padre mio: che chiunque vede il Figlio e crede in lui abbia la vita eterna; e io lo risusciterò nell'ultimo giorno» (Gv 6,40). Sono certo che padre Pietro che "vedeva il Figlio" e la sua presenza anche nelle pietre della Terra Santa godrà fin da ora della vita eterna promessa ai credenti.

Amen, amen!

Omelia di p. Francesco Patton, Ministro della Provincia Tridentina, in suffragio (Roverè della Luna, 23 giugno 2014)

Letture: Is 49,1-6; Sal 138; At 13,22-26; Lc 1,57-66.80
Il Signore dal seno materno mi ha chiamato

Carissimo Arcivescovo, carissimi familiari, carissimi confratelli, carissimi compaesani ed amici, carissime sorelle, carissimi fratelli: il Signore vi dia Pace!

È il saluto che ci rivolge il Signore risorto, ed è il saluto che ci rivolge – nel Signore risorto – anche il nostro fratello Pietro. *Shalòm* è la prima e l'unica parola scritta in ebraico al termine della sua prima lettera dalla Terra Santa, scritta al Ministro provinciale di allora, fr. Germano Pellegrini, nel settembre del 1979, lettera nella quale racconta il suo primo impatto con Cafarnao, dove era andato, poco dopo il suo arrivo, per un corso intensivo di ebraico con p. Virginio Ravanelli: «Il posto è bello – scrive p. Pietro – sia geograficamente perché è in riva al lago, sia per i ricordi evangelici: la casa di san Pietro, della suocera, e gli scavi della città; poi qui vicino c'è il monte delle Beatitudini… Anche per questi motivi, data la solitudine di tante ore del giorno, ho modo di riflettere e di pregare…». E aggiunge poco dopo: «Merita senz'altro venire a visitare i luoghi santi… vedo che studiare il Vangelo qui è tutta un'altra cosa». E conclude: «Vi saluto, *Shalòm* [scritto in ebraico], pace e bene in san Francesco».

Ho voluto tenere le letture della solennità liturgica della natività di san Giovanni Battista per questa nostra celebrazione di suffragio per tanti motivi.

Anzitutto perché a questo santo p. Pietro era particolarmente legato fin dal 1980, quando aveva partecipato alla campagna di scavi a Macheronte in Giordania assieme a tre grandi frati archeologi (p. Loffreda, p. Corbo e p. Piccirillo) e avevano individuato «la grande sala del palazzo erodiano, presumibilmente quella dei grandi ricevimenti – scrive in un'altra sua lettera p. Pietro – cioè la sala del ballo di Salomè, e della condanna di san Giovanni Battista».

Ma ho scelto queste letture ancor di più perché ci ricordano il senso profondo della nostra vita e della vita del nostro fratello Pietro, cioè che la vita è un dono e una chiamata di Dio.

Abbiamo sentito le parole del profeta Isaia: «Il Signore dal seno materno mi ha chiamato, fin dal grembo di mia madre ha pronunciato il mio nome». E le bellissime parole del Salmo responsoriale (138) nelle quali il salmista riconosce di essere stato tessuto e ricamato da Dio nel grembo della madre e di essere stato creato da Dio come una realtà stupenda e meravigliosa. E infine le parole del vangelo di Luca che racconta la nascita del Precursore e il momento in cui gli viene dato il nome di Giovanni, che significa "Dio ha fatto grazia" o "dono gratuito di Dio".

Sono parole appunto che ci ricordano che la nostra vita è un dono gratuito di Dio; che la nostra persona è conosciuta e amata da Dio, da sempre. Sono parole che ci ricordano che la nostra vita ha senso proprio perché viene da Dio e contiene una chiamata da parte di Dio! Che è chiamata in favore di altri, in favore di un popolo, in favore dell'umanità intera.

Sono parole che ci ricordano che la nostra vita ha senso in Dio, indipendentemente dal fatto che possa essere lunga o breve e si compia con una morte serena dopo lunghi anni di impegno; o con una morte tragica e violenta, dopo una testimonianza forte, come nel caso di san Giovanni Battista; o con una morte improvvisa e inspiegabile, nel pieno del vigore e dell'impegno, come per il nostro fratello Pietro.

Le letture che abbiamo ascoltato sono testi che ci aiutano a comprendere la vita come dono e ci aiutano a comprendere anche la vocazione del nostro fratello Pietro, proprio alla luce di quella di san Giovanni Battista, che è tutta relativa alla persona di Gesù!

La vita e la missione di Giovanni Battista è semplicemente quella di preparare all'incontro con Gesù («Voce di uno che grida nel deserto: preparate le vie del Signore»), di indicarlo nel momento in cui si rende presente («Ecco l'Agnello di Dio»), di ritirarsi e scomparire nel momento in cui Gesù comincia a manifestarsi e a essere riconosciuto («Lui deve crescere io invece diminuire»). Giovanni Battista ha fatto questo con la sua predicazione, l'ha fatto con la sua coerenza di vita e con la sua stessa morte!

Il nostro fratello Pietro ha fatto lo stesso, con il suo studio e il suo insegnamento in questi 35 anni di presenza in Terra Santa, ma ha fatto questo anche con l'accoglienza personale di tanti che sono andati a cercarlo a Gerusalemme, o lo hanno incontrato come pellegrini, o lo hanno conosciuto qui in Trentino durante uno dei suoi viaggi. I fratelli e le sorelle, i nipoti, gli amici, i compaesani, noi suoi confratelli, tutti quanti siamo testimoni del suo carattere riservato: non ha mai usato la sua conoscenza e competenza per promuovere se stesso o legare a sé, ma sempre e solo per far conoscere la Parola di Dio e la terra e l'ambiente in cui questa Parola si è fatta carne nella persona del nostro Salvatore, il Signore Gesù Cristo.

E, come il Battista, anche p. Pietro non ha mai avuto paura di essere chiaro e diretto, e anche rude all'occorrenza, lì dove era il caso di esserlo.

E allora, anche in questo momento, guardiamo a Colui che Giovanni Battista ci indica come Salvatore, guardiamo a Colui per il quale anche p. Pietro ha speso la sua vita e le sue capacità: Gesù Cristo. Quanto più ci avviciniamo a Gesù Cristo, tanto più sentiremo la sua pace germogliare nel nostro cuore anche in un momento di dolore come questo.

Coi familiari abbiamo potuto partecipare alle sue esequie a Gerusalemme e toccare con mano l'affetto fraterno ed ecumenico che lo ha circondato. Oltre ai nostri confratelli, ai suoi studenti e ai fedeli erano presenti rappresentanti della Chiesa Armena, dei Copti, dei Siriaci ortodossi, e un diacono maronita, amico di p. Pietro, ha cantato per lui in arabo una preghiera struggente.

Ieri mattina, giorno del suo compleanno, alle 6.30 del mattino abbiamo potuto celebrare l'Eucaristia per lui dentro il S. Sepolcro. Proprio la sera prima della sua morte, quando ci eravamo sentiti, gli avevo chiesto di fare per noi una preghiera al S. Sepolcro, lì dove la tomba non ci parla di morte ma di vita. E p. Pietro mi aveva risposto: «Farò il possibile» e sorella morte lo ha preso per mano proprio nel sonno.

Ieri siamo stati noi ad andare al sepolcro al mattino presto, nel primo giorno dopo il sabato; siamo stati noi a mettere gli occhi, i piedi e le mani dentro il sepolcro vuoto, per ravvivare la nostra fede in Gesù Risorto; siamo stati noi a nutrirci lì del Pane della vita, che è pegno della nostra stessa risurrezione. E così abbiamo potuto chiedere al Cristo Risorto di rendere partecipe il nostro fratello Pietro della sua vittoria sulla morte, della sua comunione di amore, della sua vita eternamente beata, della sua risurrezione.

La mattina del sabato avevamo salutato insieme il nostro fratello Pietro, accompagnandolo fino al cimitero del monte Sion, dove riposano i francescani che si sono spesi a servizio della Terra Santa.

Nella Gerusalemme terrena l'abbiamo salutato con le lacrime agli occhi ma anche con la pace nel cuore, nella speranza certa di poterlo incontrare di nuovo, un giorno e per sempre, nella Gerusalemme del Cielo.

Hanno scritto di lui

Questa sezione comprende ricordi che alcuni colleghi e amici di padre Pietro hanno fatto pervenire dopo la sua scomparsa: V. Romagnoli, G. Urbani, E. Puech, O. Cominotto, E. Bosetti, C. Valentino, L. Santopaolo e L.C. Paladino.

L'ultima escursione di Pietro da Trento
di fra Valentino Romagnoli ofm capp., ex studente

È partito per l'ennesima escursione, la sua ultima, solo che questa volta non ha atteso nessuno, anche perché nessuno poteva immaginare l'orario di partenza.

Senza alcun preavviso, nelle prime ore di mercoledì 18 giugno ci ha lasciato fra Pietro Alberto Kaswalder (o Pierino, come qualcuno lo chiamava), frate, sacerdote, archeologo, professore di Esegesi, di Geografia biblica e di Escursioni bibliche a Gerusalemme, uno dei volti più noti per gli amanti della Terra Santa, guida di migliaia di pellegrini e studiosi in escursioni memorabili e mai banali.

Senza far rumore, con la discrezione che lo ha sempre contrassegnato, se n'è andato nel sonno a causa di un infarto. I suoi confratelli della Flagellazione, non vedendolo arrivare a pranzo, lo hanno cercato e quando sono entrati nella sua camera, quella camera ricca di libri, di cultura, di ricordi di innumerevoli viaggi, lo hanno trovato disteso nel letto immerso nell'ultimo sonno.

Al di là del profondo spessore culturale del professore, padre Pietro colpiva per la sua personalità che non passava inosservata. Egli si definiva un trentino "sessantottino": dalla sua terra di origine, che amava profondamente e di cui andava fiero, aveva ereditato il carattere temprato dalle fatiche montanare, taciturno, lavoratore, forte e onesto.

Dal '68, anno in cui era diventato frate, aveva invece appreso a rifuggire ogni ipocrisia e inutile formalità per andare al cuore delle cose. Era dunque una persona concreta, poco avvezza ai complimenti fuori luogo e alle celebrazioni sopra le righe, schietta e sincera. Questa schiettezza ha creato qualche disagio, a lui come ad altri, in un ambiente, come quello mediorientale, dove il cerimoniale ha un'importanza molto, troppo marcata. A Pietro interessava la sostanza delle cose. A volte non era semplice relazionarsi con lui, soprattutto al primo impatto, ma chiunque ha avuto la pazienza e la fortuna di superare la dura scorza con cui si presentava ha potuto godere del grande rispetto, dell'assoluta sincerità e anche dell'affetto di cui era capace nelle relazioni vere. Anche per questo, essergli amico e vicino dava ancora più gusto. Peraltro il suo carattere non gli ha mai impedito di partecipare e dare il suo qualificato contributo a progetti di collaborazione (miscellanee, scavi, progetti didattici e altro ancora) nei quali Pietro metteva la sua non comune competenza e passione.

Le qualità caratteriali hanno influito in modo determinante sui suoi studi: una persona concreta non può interessarsi che di cose concrete, quali la "terra". E Pietro aveva un'enorme cultura sulla Terra Santa, che conosceva come pochi altri, in questo agevolato dall'essere stato alla scuola dei grandi archeologi francescani Virgilio Corbo, Stanislao Loffreda, Bellarmino Bagatti e Michele Piccirillo, con i quali aveva partecipato a diverse campagne di scavo in Giordania e a Cafarnao.

Praticamente tutta la sua bibliografia ruota attorno al tema comune della geografia biblica, ovvero dello studio della Terra Santa come luogo di rivelazione e di sacralità: ha così pubblicato importanti studi sull'onomastica dei luoghi biblici, sullo sviluppo storico del concetto di Terra Promessa, sulla Galilea, sugli edifici sinagogali. Lo scorso mese di marzo il Custode di Terra Santa lo aveva nominato responsabile dei lavori di ristrutturazione del parco archeologico di Cafarnao.

Ma l'aspetto pubblico più noto di Pietro, ciò per cui era conosciuto in ambito internazionale, è senz'altro quello di professore di Escursioni bibliche, una materia particolare che non s'insegna sui banchi di scuola, ma sui pullman troppo refrigerati dall'aria condizionata, tra gli arbusti spinosi delle pietre di uno scavo, sotto il sole cocente in riva al Mar Morto, tra le tempeste di sabbia del *Hamsin* che ti coglie nella Shefela, nell'umidità soffocante di Cesarea Marittima. Le escursioni del giovedì, che guidava magistralmente, sono un ricordo indelebile per chiunque ha avuto la fortuna di parteciparvi. In questo contesto Pietro dava il meglio di sé in termini di cultura e di umanità.

Quelle escursioni erano come tante liturgie, con un loro cerimoniale, tempi, colori, odori, e come ogni liturgia avevano il compito di anticipare la vera escursione, quella che faremo con il Signore quando lo vedremo "faccia a faccia".

Noi ora ci possiamo immaginare Pietro, con il suo gilet e la sua borsa a tracolla, mentre nell'ultima escursione esplora la Gerusalemme celeste, ne percorre le strade, la studia nei suoi particolari più insignificanti. Mi piace pensare che quando giungeremo là anche noi, Pietro sarà pronto a farcela gustare e comprendere, come ci ha fatto gustare e comprendere la Gerusalemme terrestre.

Le coordinate geografiche della Salvezza
di don Gianantonio Urbani, ex studente e docente invitato allo SBF

«Siate in grado di comprendere con tutti i santi quale sia l'ampiezza, la lunghezza, l'altezza e la profondità» (Ef 3,18).

Queste coordinate geografiche e topografiche assunte dall'apostolo Paolo nel rivolgersi agli abitanti di Efeso, per descrivere l'immensa opera di Dio in Cristo Gesù per l'uomo, mi sembra si possano accostare all'opera scientifica e spirituale del cammino di p. Pietro Kaswalder, con il quale ho potuto formarmi e del quale ho potuto ricevere gli insegnamenti nel percorso di licenza allo *Studium Biblicum*. Lo studio in classe e sul "campo" sotto forma di escursioni bibliche è un'azione mirabile per conoscere Dio nella sua storia e geografia della Salvezza. Posso solo ricordare che ne abbiamo beneficiato in molti, meglio moltissimi, e che questo seme di Parola itinerante ci ha messi in grado di conoscere, studiare, approfondire e divulgare la Parola nei luoghi ove è stata generata.

P. Pietro sapeva coinvolgere e far amare la Terra che poi descriveva con ricchezza di particolari nei corsi di Geografia ed Esegesi. Già in tanti abbiamo affermato, senza dubbio, che ci è venuto a mancare un esperto conoscitore della Terra di Dio ma anche un compagno di strada che sapeva topograficamente collocare gli eventi della storia della Salvezza. Una delle azioni, un po' buffa ma degna di nota, che non abbiamo fatto in tempo a sperimentare insieme, ma forse non lo avremmo fatto mai, è la mia dedizione per l'archeologia subacquea. Un tema poco trattato qui in Terra Santa, almeno nell'ambito del contesto di esegesi e archeologia cristiana, ma assai importante per il collegamento oriente-occidente degli antichi, i quali usavano la barca per spostarsi e ci trascorrevano ore e giorni in navigazione. Le tracce nel Mediterraneo, nel Mar Rosso, nel Mar Morto e nel lago di Galilea sono molteplici; ebbene p. Pietro soleva spesso avvisarmi scherzosamente (e fornendomi documentazione in merito) che molti appassionati subacquei muoiono giovani. La mia risposta fu sempre di prudenza e professionalità. Gli dissi che uno scavo subacqueo difficilmente viene approntato a -30 m e che l'immersione media si colloca tra i -15 e i -26 m di profondità. Non riuscimmo a realizzare la visita di Cesarea Marittima, dal punto di vista del materiale antico sommerso. Il progetto consisteva nel posizionarsi, lui sulla terraferma e io presso il molo o il porto sommerso di Erode il Grande! Un piccolo progetto che avevamo in cantiere e che, forse, avrebbe riscosso successo fra gli studenti dello *Studium*! Un fatto quindi un po' buffo ma che mi diede la possibilità di confrontarmi con lui con franchezza e cordialità, soprattutto quando mi giunse la notizia di prepararmi per l'insegnamento allo *Studium*.

Ma ora egli è lassù e da lassù ci guarderà e mediterà le sue sudate carte di esegesi, geografia, escursioni bibliche, gli scavi fatti nei luoghi santi e la meravigliosa avventura di insegnare a Gerusalemme. A conclusione di questa semplice memoria di p. Pietro, desidero richiamare alcune righe di un suo speciale e fortunato testo, l'*Onomastica biblica*, strumento che ogni biblista e archeologo dovrebbe avere sulla sua scrivania:

«In tempi recenti l'Escursione Biblica è diventata una necessità e un arricchimento notevole per chi vuole approfondire gli studi biblici. La spinta all'esplorazione e al recupero dell'ambiente storico-geografico della Bibbia... è diventata una scienza ausiliare autonoma, molto sviluppata e ricca di proposte. Nell'ambito degli studi biblici si sente sempre più forte l'esigenza di porre alla base degli studi esegetici e teologici anche la conoscenza diretta dell'ambiente, quindi le regioni, le terre, le rovine, i tell, gli elementi di topografia e geografia (tell, wadi, scavi, edifici, cisterne ecc.)».

Altre righe "fortunate" per chi, come me, si trova all'esordio nell'insegnamento e nell'approccio al mondo biblico, nella terra dove sono fiorite le Scritture sono queste:

«Fare escursioni per i pionieri significava aprire delle strade, a volte dei sentieri nuovi, seguendo il motto "cercare, esplorare, indagare". Loro hanno riconosciuto per primi i luoghi e i monumenti, hanno ripreso e rimesso in vita i nomi e le tradizioni scomparse. Per noi oggi significa ripercorrere i sentieri, a volte le grandi strade tracciate dai pionieri, per vedere e conoscere di persona le terre bibliche, i siti, gli scavi, i monumenti, studiare le tradizioni relative a luoghi e santuari, ormai attrezzati di un bagaglio di conoscenze a dir poco enorme. In entrambi i casi si tratta di togliere un velo che nasconde il passato, ma non solo.

Anche il presente immutabile dei panorami e della realtà fisica delle valli e dei villaggi, dei sentieri e dei deserti, la vita sempre affascinante degli indigeni, ha molto da insegnare agli studiosi di cose bibliche. La ricchezza delle terre bibliche, da Petra all'Eufrate, dal Mar Morto alla Turchia, dal deserto del Negev al Monte Hermon, dal Libano all'Egitto, si apprezza ancora oggi nelle escursioni bibliche. Lo splendore dei piccoli o grandi monumenti, dall'Ophel di Gerusalemme al porto di Cesarea M., da Jerash a Ba'albek, dai Monasteri di W. Natrun alle colonne degli stiliti della Siria, dai monasteri del deserto di Giuda ai grandi santuari cristiani, viene svelato nelle escursioni a beneficio degli studi biblici.

Le pagine di storia e di vita concreta che gli studenti di Gerusalemme possono ripercorrere in una giornata di escursione valgono senza dubbio la fatica di una giornata al sole o al vento del deserto».

P. Pietro scrisse queste parole in uno studio interdisciplinare su Mc 1 in onore di uno dei suoi maestri, p. Virginio Ravanelli, recentemente anche lui salito al Cielo.

Mi torna quindi straordinariamente preziosa l'espressione di Paolo posta all'inizio di questo ricordo; ora siamo maggiormente in grado, con l'aiuto di p. Pietro, di comprendere le coordinate della storia e della geografia della Salvezza. Grazie p. Pietro! Possa tu riposare in pace.

Ricordo del prof. Emile Puech
collega di p. Kaswalder e docente all'EBAF, Gerusalemme

Le Révérend Père Pietro Kaswalder, OFM, nous a quitté prématurément en juin 2014. Ce fut une grande surprise pour moi d'apprendre ce départ subit à mon retour à la fin juin.

J'ai fait la connaissance de Pietro Kaswalder lors de mes fréquentes visites au *Studium Biblicum Franciscanum* pour des séances de travail et d'amitié avec Frère Michele Piccirillo qui, lui aussi, nous a quitté bien trop tôt selon nos courtes vues humaines. Frère Pietro Kaswalder avait un très grand sens de l'accueil, simple et fraternel à la fois, comme les disciples de Saint François, toujours avec le sourire qui vous mettait tout de suite à l'aise comme si on se connaissait depuis fort longtemps. C'était toujours une joie de le croiser et d'échanger sur des sujets bien divers, en attendant de mettre la main sur Michele P. pris dans mille occupations et attendu par tant de visiteurs aux pieds du maître et de l'ami.

De quoi pouvions-nous nous entretenir ? Bien entendu, de nos différents parcours et de nos centres d'intérêt du moment ou de nos occupations en général. Il enseignait à la Faculté en charge en particulier des excursions et des voyages des étudiants du *Studium Biblicum* dans les pays de la Bible qu'il connaissait parfaitement pour les avoir parcourus de nombreuses fois ; c'est aussi un sujet où les expériences et les découvertes continuelles enrichissent et renouvellent les connaissances mettant en question bien des opinions et des interprétations. Il me demandait ce que je pensais de telle ou telle découverte, de telle ou telle nouvelle identification, ou de nouvelles théories qui remplissent jour après jour les journaux et les revues. Je me souviens de longues discussions sur l'identification un peu hâtive proposée par le fouilleur du supposé tombeau du grand-prêtre Caïphe, tombeau incidemment mis au jour en contre-bas du monastère des Sœurs Clarisses, identification proposée à partir d'un seul ossuaire inscrit non sans problèmes, et plus récemment encore de l'annonce claironnante dans les médias d'une découverte du tombeau de Jésus et de sa famille dans le quartier de Talpiot au sud de Jérusalem. Il savait mon intérêt dans l'étude des ossuaires inscrits à l'occasion de ma thèse de doctorat, et que Michele Piccirillo m'avait confié alors la révision et la publication des inédits de la collection des ossuaires inscrits du Musée de la Flagellation. Nous avons aussi échangé longuement sur les inscriptions gravées des tombeaux de la Vallée de Josaphat qui ont enrichi quelque peu l'habitat et l'histoire du monachisme hiérosolymitain. Vivant au centre même de la ville sainte, Pietro K. s'intéressait beaucoup à l'histoire de Jérusalem, la Jérusalem de l'Ancien et du Nouveau Testament mais pas seulement, comme ses notes dans diverses revues en témoignent, en particulier les remparts et la septième station du chemin de croix.

Mais sa curiosité dépassait de très loin les limites de la ville sainte. La géographie biblique, physique et humaine, ainsi que l'histoire des pays de la Bible étaient au centre de ses intérêts de recherche et d'enseignement. Il a beaucoup investi dans l'étude des origines du peuple de Dieu, son installation en Canaan au milieu d'autres populations, étudiant les diverses sources externes et les données bibliques conjuguées, y compris une énorme documentation qu'il maîtrisait parfaitement et qu'il jugeait avec une sage pondération. À propos du livre de l'Exode et des voies de pénétration des tribus, il me paraît judicieux de dissocier plus clairement "la montagne" de la révélation du nom de Dieu à l'Horeb de celle du "Sinaï", autrement dit la montagne de la révélation du nom Yahweh du Dieu d'Israël, et celle des étapes bibliques de la sortie d'Égypte et des errements de la traversée dans la péninsule désertique du Sinaï. Cela permet, à mon sens, de simplifier les diverses hypothèses contradictoires de la recherche face aux difficultés insurmontables auxquelles les auteurs se sont affrontés en prenant des positions extrêmes qu'avec raison il ne pouvait retenir. Les inscriptions retrouvées à Kuntillet 'Ajrud au nord Sinaï, une étape sur une route caravanière bien connue, découverte du milieu des années 1970, recommanderaient cette solution que ne pouvaient pas connaître les anciens, à commencer par Eusèbe de Césarée, mais qui appuieraient fortement sa position[1]. Mais Pietro K. n'a pas osé s'avancer jusque là, ni même le mentionner dans son autre livre *La terra della promessa. Elementi di geografia biblica*[2], tant il est resté influencé par la traduction latine de l'*Onomasticon* d'Eusèbe par Jérôme qui identifiait ni plus ni moins les deux montagnes, suite à une lecture d'Ex 19,11 et 20. Toutefois Eusèbe s'était bien gardé d'aller jusqu'à cette identification, en maintenant bien distinctes ces deux entités.

Pietro K. a beaucoup investi dans l'histoire de la conquête et le livre des Juges, étudiant les limites de Canaan depuis la frontière d'Égypte au sud-ouest jusqu'au territoire de la tribu d'Asher au nord et le pays de Sidon. J'avais partagé avec lui mon expérience des fouilles de l'École Biblique et Archéologique Française à Tell Keisân dans la plaine de la Basse Galilée, à quelque huit kilomètres à l'est d'Akko, expérience qui m'a prouvé qu'au Fer I le site dépendait certainement de Tyr, la capitale fortifiée, qui faisait le commerce de la pourpre, puisque dans les carrés où je fouillais, une installation artisanale de production de la pourpre d'assez longue durée (environ tout le Fer I) a été mis au jour et a pu être identifié avec certitude. Le nombre impressionnant de jarres pour le transport des coquillages vivants dans l'eau de mer et des cruchettes lustrées à la main, une cuve à pourpre ou chaudron de teinturier avec de bonnes traces de feu dans la partie inférieure de la panse

[1] Voir la présentation dans le livre de P. Kaswalder, *Onomastica biblica*, Jerusalem 2002, p. 92.

[2] P. Kaswalder, *La terra della promessa. Elementi di geografia biblica*, Milano 2010, pp. 42-49.

et un dépôt rouge-violacé sur une bande d'une vingtaine de centimètres à la limite de flottaison du liquide à l'intérieur au-dessus de la panse de la cuve, des murex écrasés de trois espèces (*brandaris* et *trunculus*, et *hémastoma* ou thaïs) entre autres ne laissent aucune hésitation dans l'identification de l'atelier qu'une analyse chromatographique a confirmée par la suite. Cela correspond à la description assez précise que les auteurs anciens ont donné de cette production artisanale, d'autant que les murex les plus prisés qui rendaient la pourpre de Tyr la plus célèbre de toute l'Asie, provenaient de la côte méditerranéenne entre les Échelles de Tyr (Ras en-Naqura) et Haïfa, d'où la naissance de la légende de Melquart tyrien et de son chien sur l'origine de la pourpre. Ajoutons à cela que le petit wadî Ḥalzun dont le nom arabe signifie "coquillage de pourpre", coule au pied du Tell[3] ! La fabrication artisanale dans ce secteur de fouille a duré en gros tout le Fer I comme l'ont montré les diverses strates d'occupation et la découverte des restes d'une autre cuve à pourpre dans les niveaux inférieurs, mais la fouille en 1981 s'étant arrêtée juste à la limite du Bronze Récent, on ne peut dire si ce secteur continuait une production antérieure, même si cela paraît le plus probable, la production de la pourpre sur la côte étant bien attestée par les tablettes d'Ugarit. L'on sait uniquement que la ville n'était pas fortifiée au Fer I, et que la production de la teinture-pourpre au prix très élevé devait certainement dépendre des commandes des riches commerçants tyriens, très fameux dans les textes anciens, y compris encore du temps d'Ézéchiel. En conséquence, il semble bien que l'occupation du site à cette époque était celle de sédentaires cananéens dont certains tout au moins avaient la connaissance et l'expertise d'un artisanat particulier en relation avec le rivage méditerranéen tout proche, et qu'ils ne pouvaient aucunement être des descendants de tribus ayant nomadisé dans le désert du Sinaï et entrant en Canaan vers cette même époque, sans aucune connaissance de cet artisanat bien spécifique. C'était un des objectifs du choix du site par le R. P. Roland de Vaux qui écrivait alors une *Histoire ancienne d'Israël* et qui cherchait des arguments archéologiques pouvant corroborer à leur manière les résultats de l'étude des récits bibliques de la conquête. La tribu d'Asher n'est pas du nombre de celles qui sont sorties d'Égypte avec Moïse et ont pérégriné dans le Sinaï avant d'entrer en Canaan, venant de l'au-delà du Jourdain avec Josué. Ce qui est valable pour Tell Kei-

---

[3]   Voir E. Puech, "La céramique des niv. 9c-11", in *Tell Keisan (1971-1976). Une cité phénicienne en Galilée*, sous la direction de J. Briend et J.-B. Humbert, 1980, 216-34, en particulier pp. 226-27.

sân, l'est aussi pour d'autres sites de la région. Cela n'est pas sans consé-quences pour l'occupation du littoral, jusqu'à Kabul, et pour les mouvements de population. La migration de la tribu de Dan au sud à Laish dans le nord près de la frontière du Liban suppose aussi un bouleversement dans l'occu-pation des lieux[4].

Dès la découverte des fragments d'une stèle araméenne à Tel Dan, Pietro K. s'est intéressé à ce document qui fournit, entre autres, une des premières attestations extra-bibliques de l'expression « la maison de David » avec une première mention de peu antérieure sur la stèle de Mésha, roi de Moab (voir ligne 31). Malgré l'état très fragmentaire, il y est question de guerres entre la dynastie des Bar Haddad de Damas et la dynastie omride d'Israël à propos de territoires disputés au nord du pays et sans doute aussi au-delà du Jourdain. Le roi de Damas, fait roi par le choix de Hadad son dieu, « tua soixante-dix rois », dont « Joram fils d'Achab, roi d'Israël, et Ochozias fils de Joram, roi de la maison de David ». Ce roi de Damas, contemporain de Jéhu (?) qui ré-gna sur Israël (ligne 12), ne peut guère être que Hazaël (un usurpateur qui est dit "fils de personne" dans une inscription de Salmanazar III), même si le nom n'est pas conservé. Ces précisions sont dues à la découverte des deux autres fragments qui ont permis d'asseoir plus solidement des intuitions de la lecture du seul grand fragment[5]. Ce nouveau document araméen semble, à première vue, contredire 2 R 9,17 où c'est Jéhu qui, sur l'ordre d'Élisée, élimina les descendants d'Achab. Aussi Pietro K. a dernièrement préféré suivre une autre solution, en optant pour Bar Hadad III, hypothèse proposée par G. Athas mais qui ne me paraît pas s'imposer ni par la paléographie, ni par des lectures impossibles et, en conséquence, ni par le contenu[6]. Quoi qu'il en soit, l'étude de ces fragments donnant, cette fois, une version du point de vue de Damas ne peut être passée sous silence pour l'histoire de cette période.

Un autre sujet sur lequel nous avons échangé plusieurs fois concerne le fameux texte sur plâtre trouvé à Tell Deir 'Alla en Jordanie qui a déjà fait couler beaucoup d'encre. A-t-on affaire à un texte araméen avec les éditeurs et plusieurs savants à leur suite, ou à un texte "sui generis" et recopié, comme

---

[4] Voir P. Kaswalder, *Galilea, terra della luce. Descrizione geografica, storica e archeo-logica di Galilea e Golan*, 2012, pp. 25-37, 302-304.

[5] Voir E. Puech, "La stèle araméenne de Dan : Bar Hadad II et la coalition des Omrides et de la maison de David", *RB* 101 (1994) 215-41, et A. Biram and J. Naveh, "The Tell Dan Inscription: A New Fragment", *IEJ* 45 (1995) 1-18.

[6] Voir P. Kaswalder, *Galilea, terra della luce, op. cit.*, 2012, pp. 247-48.

je l'ai toujours pensé ? En effet, deux autres courtes inscriptions découvertes dans cette couche sur de petits objets sont rédigées clairement en langue araméenne et en écriture araméenne, mais s'ensuit-il que le grand texte sur le plâtre le soit aussi ? La graphie est bien plus proche de l'écriture ammonite bien connue des générations suivantes d'une part[7] et, d'autre part, le texte ne porte aucune caractéristique exclusive de la langue araméenne, nul cas emphatique, nul emploi de la particule *zy*, etc. En revanche, la langue paraît bien plus ancienne ou archaïque, sans être archaïsante, que celle de la datation archéologique de la couche en question, datée quelque part *circa* 800 ou dans la première moitié du VIIIe siècle, mais certainement avant le tremblement de terre sous Jéroboam II et Osias qu'on date vers 760 (Am 1,1 et Za 14, 4-5). Ce texte est fameux par le nom du voyant des dieux et devin, « Balaam fils de Be'or », bien connu du livre des Nombres 22-24. Dans ce texte religieux, Balaam est entré de nuit en contact avec une divinité qui lui a révélé les malheurs ou la catastrophe naturelle qu'un cercle de divinités ont complotés contre les hommes et le cycle habituel de la nature ; en conséquence de quoi, le voyant accomplit un geste prophétique en jeûnant et pleurant pour attirer l'attention des chefs de son peuple et les inviter à changer de conduite ou de pratique pour que les dieux assurent le retour à la vie antérieure. Uniquement après la restauration du service cultuel répondant à l'attente des divinités, la vie pourra reprendre son cours normal, sinon ce sera la fin de la descendance de l'homme qui ne s'y pliera pas, comme l'indique la phrase à l'encre rouge de la ligne 2, il périra selon ce que la catastrophe est en train d'accomplir pour le peuple par la sécheresse et la famine[8]. Aussi, lors du passage à côté du Tell Deir 'Alla sur le trajet du Mont Nébo pour le service des 30 jours sur la tombe de Michele Piccirillo auquel le R.P. C. Bottini, recteur de la Faculté, m'avait si fraternellement convié, Pietro K. qui commentait avec maîtrise les intérêts divers des sites longés, me demanda de dire un mot sur l'inscription sur plâtre, ce que je fis brièvement avec reconnaissance.

[7]   Voir E. Puech, "Approches paléographiques de l'inscription sur plâtre de Deir 'Alla", in *The Balaam Text from Deir 'Alla Re-evaluated. Proceedings of the International Symposium held at Leiden 21-24 August 1989*, ed. by J. Hoftijzer and G. van der Kooij, Leiden 1991, 221-238.

[8]   Voir E. Puech, "Balaam and Deir 'Alla", in *The Prestige of the Pagan Prophet Balaam in Judaism, Early Christianity and Islam*, ed. by G.H. van Kooten and J. van Ruiten, Leiden 2008, 25-47, où j'ai réétudié le premier ensemble de fragments en faisant une allusion à la finale du texte.

Ces quelques lignes touchant à un certain nombre de sujets de nos échanges occasionnels font remonter à ma mémoire la discrétion de Pietro K. et la profonde amitié partagée qui accompagnait une vie de labeur incessant. Il a donné un beau témoignage de vie consacrée à transmettre ses connaissances et à partager son amitié. Son souvenir ne s'effacera pas de ma mémoire.

Ricordo di Osvalda Cominotto
Parrocchia dei Santi Vito e Modesto (Gorizia), impiegata nella Biblioteca dello SBF

«Come sta p. Pietro? È sempre a Gerusalemme?». Questa la domanda che mi sono sentita rivolgere tutte le volte che, tornata a casa a Gorizia, camminando per le strade del mio quartiere, incontravo le persone della parrocchia che avevano conosciuto p. Pietro.

Era arrivato pochi mesi dopo essere stato ordinato sacerdote nel 1977 per far parte della comunità francescana della Provincia tridentina di San Vigilio, che dal 1956 a Gorizia aveva assunto la cura pastorale della parrocchia dei Santi Vito e Modesto, rione Piazzuta, e alla quale già nel 1924 erano stati affidati i santuari di Montesanto e Castagnavizza, molto cari a noi goriziani.

Giovane, sorridente e timido si era fatto subito voler bene dalla gente di Piazzuta che aveva una grande stima e simpatia per i Frati, la cui presenza nel goriziano è durata fino al 1988, per quasi sessant'anni, tenendo conto anche dei due santuari (Montesanto e Castagnavizza) che, passati sotto il governo della Jugoslavia alla fine della Seconda Guerra Mondiale, erano stati affidati ai frati della Provincia di Lubiana.

A p. Pietro, oltre all'impegno in parrocchia, all'inizio dell'anno scolastico (1977) era stato affidato l'insegnamento della religione nella scuola elementare di via della Cappella.

Questo incarico è stato l'occasione che ci ha fatto conoscere. Mia sorella più piccola, Alessandra, frequentava infatti l'ultimo anno delle elementari ed era entusiasta del nuovo maestro di religione gioviale e simpatico: più un fratello maggiore che un insegnante e al quale piacevano i dolci. Era diventata per lei un'abitudine portargli dal nostro panificio/pasticceria un dolce per il giorno in cui aveva lezione nella sua classe.

Per andare a scuola, p. Pietro passava proprio davanti alla porta del nostro negozio e così divenne spontaneo salutarci e imparare a conoscerci. A me faceva tenerezza quel frate mandato così giovane nella nostra città, città di confine dove si fa fatica a instaurare rapporti di fiducia e di accoglienza immediati, ma dove, superata la diffidenza, poi si dà tutto.

Ebbe inizio così semplicemente la nostra amicizia: ci raccontavamo le difficoltà che incontravamo per dare vivacità alle nostre parrocchie, condividevamo il desiderio di riuscire a trasmettere la gioia e l'entusiasmo per la vita cristiana ai ragazzi e alle famiglie.

In quegli anni io ero catechista e insegnante nel doposcuola per i ragazzi delle scuole medie nella mia vecchia parrocchia San Giuseppe Artigiano, tenuta dai Salesiani e confinante con quella dei Francescani, e anche Pietro aveva iniziato gli incontri di catechesi con i ragazzi in preparazione alla Cresima.

Fu proprio grazie alla nostra amicizia che insieme, Salesiani e Francescani, iniziammo una collaborazione inter-parrocchiale nella preparazione dei ragazzi alla Cresima, alla quale coinvolgemmo anche una parrocchia diocesana, Sant'Ignazio, dove era vice parroco un altro mio carissimo amico, don Roberto. Fu un'esperienza molto bella che coinvolse un buon numero di famiglie quando ancora non si parlava di pastorale inter-parrocchiale. Ciò che l'aveva resa possibile e speciale, superate anche molte resistenze e perplessità, era stata l'unione di intenti, di stima e fiducia che animava il rapporto tra noi, laici, sacerdoti e religiosi, e che ci donava entusiasmo e una grande carica.

L'esperienza è durata due anni, tanti quanti quelli trascorsi a Gorizia da p. Pietro; infatti a giugno del 1979, durante una cena a casa mia, Pietro ci comunicò che il suo padre provinciale lo aveva destinato a proseguire gli studi biblici a Gerusalemme.

Lui era sì preoccupato ma molto di più entusiasta per l'opportunità che gli era stata data; e anche noi eravamo naturalmente contenti per lui, ma nello stesso tempo dispiaciuti che un amico andasse così lontano. Nel 1979 non c'erano né *skype* né telefonini o altre possibilità di comunicazione, se non le lettere e qualche telefonata. Abbiamo mantenuto così la nostra amicizia: nella fitta corrispondenza che ci siamo scambiati per vari anni, Pietro mi raccontava dei suoi studi, dei professori, degli scavi ai quali anche lui partecipava e che lo entusiasmavano molto. Non mancavano le confidenze sulle difficoltà che incontrava, ma su tutto prevaleva la gratitudine per l'esperienza che stava vivendo.

Avevo sue notizie anche dai suoi confratelli di Piazzutta, con i quali avevo continuato la frequentazione: dopo la messa serale mi facevano stare con loro per la recita del Vespro e dell'Ufficio divino che recitavano a quell'ora;

anche loro erano fieri di avere un confratello a Gerusalemme e ne seguivano il cammino.

Qualche volta mi facevo viva con una telefonata dalla cabina della SIP; erano necessariamente comunicazioni brevi ma comunque sufficienti per capire quanto fosse contento di essere a Gerusalemme, e anche di ricevere notizie da Gorizia. È attraverso queste comunicazioni che p. Kaswalder mi ha trasmesso l'amore per lo SBF. Venni in pellegrinaggio nel 1981 e fu una bella occasione per rivederci. Fu quella la prima volta che conobbi lo SBF; Pietro infatti ci aveva invogliati a visitarne il Museo e ci fece da guida.

Ritornò in visita a Gorizia accompagnato dal suo confratello e professore p. Virginio Ravanelli, entrambi furono ospiti a cena a casa nostra. Da quel giorno p. Ravanelli ha sempre ricordato la mia mamma che, come lui, era nata nel 1927.

Se sono qui lo devo a lui, perché fu lui a parlare di me a p. Loffreda e a p. Niccacci quando si trattò di trovare qualcuno che affiancasse p. Vuk nella ristrutturazione della biblioteca dello SBF.

Accettai con timore ma soprattutto con gioia la proposta che mi venne fatta, anche perché sapevo di poter contare su un amico. Nei primi anni ci siamo aiutati a vicenda in vari modi; p. Pietro, ad esempio, fu volentieri disponibile a guidare un gruppetto di amiche goriziane che insieme a mia sorella Luciana vennero in pellegrinaggio; io lo sostenni nei difficili momenti della preparazione della sua tesi di dottorato, anche concretamente, battendogliela a macchina (non c'era ancora computer!).

La sua morte improvvisa e prematura mi ha veramente addolorata, così come ha rattristato tutti i goriziani che hanno avuto la fortuna di conoscerlo e apprezzarlo.

Mi colpirono i suoi occhi azzurri e penetranti. Ricordando l'amico Pietro Kaswalder
di Elena Bosetti, biblista, suora di Gesù Buon Pastore

Quando chiudo gli occhi e penso a padre Pietro Kaswalder (familiarmente chiamato Pierino) mi affiorano al cuore mille ricordi. Pur essendo nati a pochi chilometri di distanza, è in Terra Santa che l'ho incontrato, e precisamente a Gerusalemme nell'autunno 1982. Mi venne incontro con timido sorriso al portone della Flagellazione, sede dello *Studium Biblicum Francisca-*

num. Mi colpirono i suoi occhi azzurri, penetranti. L'anno accademico era già iniziato e Pietro allora, con tanta premura, mi fece per così dire da *tutor* perché potessi imparare velocemente le prime nozioni di ebraico in modo da seguire il corso di p. Virginio Ravanelli e successivamente quello di p. Alviero Niccacci.

A quel tempo Pietro era tutto preso dalla sua tesi di dottorato sulla "Disputa diplomatica di Iefte" (Gdc 11,12-28), fondamentale per lo studio delle tradizioni relative all'insediamento di Israele in Transgiordania. Ma il lavoro non gli impediva di regalarmi dei fine settimana indimenticabili. Ricordo con emozione il nostro primo ritiro di Avvento nel deserto di Giuda, nell'oasi di En Gedi ("La sorgente del capriolo") evocativa del Cantico dei cantici. Nasceva in me il desiderio di musicare i Salmi in ebraico e lui benevolmente mi correggeva se la pronuncia non era esatta.

La passione della Terra l'aveva nel sangue. Pietre, scavi, escursioni... Per lui erano tutti segni da decodificare. Ricordo la sua emozione quando per la prima volta mi fece visitare Cafarnao. «Vedi? – mi diceva – quella è l'*insula sacra*, lì ho scavato anch'io insieme a Corbo e Loffreda». Gli brillavano gli occhi quando parlava dei suoi grandi maestri, inseparabilmente legati alla casa di Pietro dove Gesù aveva preso dimora (Mc 1,29-31).

Non potevo tenere soltanto per me un'esperienza così bella, volevo condividerla con le mie consorelle, per cui proposi alla Superiora provinciale di offrire a tutte la possibilità di un itinerario biblico spirituale nella "Terra del Santo", come lui diceva. La proposta fu accolta e l'amico Pietro ne fu entusiasta e mi affiancò nell'impresa organizzativa, integrando al meglio varie dimensioni: Bibbia, geografia, archeologia, storia, spiritualità... Sapeva sorprenderci non solo per la cultura ma anche per come celebrava. Ricordo l'emozione delle mie Suore (e mia) quando a Nazaret, durante l'omelia della Messa nella basilica dell'Annunciazione, lui stesso si commosse dicendo: «L'Incarnazione ci appartiene, nessun'altra religione è arrivata a tanto, fino a dire che il Logos si è fatto carne, che Dio si è fatto uomo. L'incarnazione è il DNA del cristianesimo».

Sulla competenza e disponibilità di Pietro ho potuto sempre contare, anche quando ho condotto "Le ragioni della speranza" su Rai Uno (1999-2005). Mi ha aiutato a realizzare puntate splendide in Terra Santa, in occasione del Natale e delle festività che hanno segnato l'inizio del secondo Millennio, e poi sulle orme dell'Esodo per la Quaresima del 2005. Insieme abbiamo scritto anche un libro: *Sulle orme di Mosè. Egitto, Sinai, Giordania. Nuova guida biblica e archeologica* (2000). Avevamo in cantiere il secondo volume (*Sulle orme di Gesù*), ma sorella morte è arrivata prima.

Durante le vacanze estive amava passare qualche giorno da noi, Suore Pastorelle, nella campagna di Modena: apprezzava il nostro parco, l'orto e la buona cucina di suor Giuliana. Per lei era come un fratello. E ancora le viene da sorridere quando ricorda un simpatico aneddoto. Padre Pietro era seduto sulla panchina della nostra montagnola dove amava fumarsi tranquillamente una sigaretta, quando un topolino sbucò vicino ai suoi piedi: «Mi fissava con i suoi vispi occhietti e non sapeva cosa fare, se uscire o rientrare nel buco…», raccontava poi felice.

Non veniva mai a mani vuote, ma sempre con qualche sorpresa: una tazza in terra cotta del tardo bronzo, una piccola brocca nera del tempo di David rinvenuta a Gebah, una pentola da cucina del periodo erodiano trovata in una tomba di Gerusalemme, una lucerna del tempo di Gesù con il vasetto per l'olio e diverse altre lucerne, tra cui una del IV secolo con impressa la croce sopra il beccuccio, segno incontestabile della presenza di giudeo-cristiani nella Città Santa.

Una volta a Gerusalemme, nei pressi della porta di Damasco, con rapida mossa un ladruncolo gli portò via il borsellino. Io non ci pensai due volte a inseguire di corsa il ladro, facendo la gincana tra i pellegrini e i rivenditori ambulanti che ostruivano il passaggio. E trafelata lo avevo quasi acciuffato prima che attraversasse la strada mentre Pierino dietro a me saliva posato i gradini della scalinata e mi gridava: «Elena, lascia perdere!». Non ci ho visto più, non riuscivo a capacitarmi di quella sua calma. Con rabbia gli ho risposto che doveva svegliarsi perché in due si poteva prenderlo, il ladro, e farsi ridare il borsellino. Allora Pietro mi guardò (me lo sento ancora addosso quello sguardo) e mi rispose: «Io sono un frate e qui mi conoscono anche se vesto in borghese [quel giorno, infatti, non indossava il saio]. Vuoi che un figlio di san Francesco si metta a litigare per un borsellino?». Lui era così, sapeva indignarsi per la situazione politica, aveva uno sguardo critico e talvolta pessimista, ma era buono come un pane.

Pietro mi ha dato tanto. In umanità, prima ancora che in scienza e cultura. Aveva il senso del bello e ancor più della giustizia. Non sopportava compromessi né il mettere a tacere i problemi per quieto vivere. Il broncio, quando lo teneva, durava un po' di ore ma poi si scioglieva come neve al sole. A volte la sua timidezza gli faceva brutti scherzi, lo portava a reagire di scatto, in forma rude. Ma nel cuore era un fanciullo. Lo avevano capito anche gli uccellini che andavano a beccare le briciole di pane che metteva per loro sul davanzale della sua finestra. Lo avevano capito così bene che andavano perfino a beccargliele dal palmo della mano… E a me piace ricordarlo così, con il volto disteso e il sorriso negli occhi quando si concedeva una sosta per una sigaretta e una buona tazzina di caffè.

Una proficua collaborazione (PIB – SBF)
di Carlo Valentino, Segretario generale del PIB (Roma)

Il Pontificio Istituto Biblico, fin dalla sua fondazione, ha fatto in modo che i suoi studenti avessero la possibilità di un soggiorno in Terra Santa, perché è normale per un biblista avere una conoscenza diretta della terra in cui la Bibbia è nata. Dopo il venir meno delle famose "carovane" organizzate dal p. North dal 1952 al 1978[9], per gli studenti c'era solo la possibilità di soggiornare in Terra Santa per un intero semestre; perciò più volte gli stessi studenti avevano avanzato alle autorità dell'Istituto la richiesta di avere un vero corso di archeologia e geografia in Terra Santa, della durata di alcune settimane, che alternasse lezioni accademiche a visite ai principali siti biblici, in modo che anche chi non poteva permettersi un periodo di permanenza di un intero semestre avesse ugualmente la possibilità di una conoscenza approfondita della terra biblica. L'Istituto, non avendo un proprio corpo docente nella sede di Gerusalemme, chiese la collaborazione dello *Studium Biblicum Franciscanum*, che accettò generosamente l'invito, affidando il corso a due suoi professori: i pp. Pietro Kaswalder ed Eugenio Alliata. In particolare p. Kaswalder si assunse l'incarico di organizzatore e coordinatore del corso.

Fu così che, in coincidenza con il giubileo del 2000, un primo gruppo di 26 studenti poté trascorrere un mese di studio (3-25 settembre) in Terra Santa. Essi ritornarono entusiasti di questa esperienza, come dimostrano le parole di uno dei primi partecipanti:

«Sotto la guida competente dei proff. Eugenio Alliata e Pietro Kaswalder dello Studium Biblicum Franciscanum di Gerusalemme, è nata una sorta di scuola itinerante, che ci ha svelato il fascino e i sudori degli studi archeologici. Alternando lezioni frontali ad escursioni sui siti, ci siamo resi conto da

---

[9]   Cfr. M. Gilbert, *Il Pontificio Istituto Biblico. Cento anni di storia*, Roma 2009, pp. 420-427.

vicino della evoluzione, della metodologia e delle acquisizioni della moderna archeologia della Terra Santa, con un programma denso di spiegazioni e soprattutto di visite. Da Tel Dan a Beer Sheva abbiamo percorso da nord a sud la maggioranza dei tell che nascondono in sé la meravigliosa testimonianza delle tappe storiche di questa terra, custodite da strati di polvere e rocce. L'arena di Eleuteropoli, l'altare circolare di Meghiddo, il santuario di Tel Dan, le mura di Sichem, i due altari con le due *massebot* di Tell Arad, e molti altri siti, si sono trasformati, grazie alle precise spiegazioni del prof. Kaswalder, da monumenti silenziosi in eloquenti testimoni del passato. [...] Il rientro a Roma è stato accompagnato da una chiara sensazione di riconoscenza a coloro che hanno permesso questa conoscenza diretta dei luoghi di Terra Santa, esperienza probabilmente irripetibile per il rigore critico e la disponibilità di un tempo sufficientemente congruo. Ci auguriamo dunque che il "neonato" corso di Geografia e archeologia biblica, di cui abbiamo gustato i primi timidi passi, possa crescere sano e forte».[10]

Da allora il corso è cresciuto "sano e forte" ed è stato tenuto ininterrottamente fino ad oggi (2014), sempre nel mese di settembre, offrendo in questi anni a più di 450 studenti la possibilità di arricchire le proprie competenze. Ogni anno p. Pietro Kaswalder si è assunto non solo l'onere di una parte delle lezioni accademiche, ma anche quello dell'organizzazione degli aspetti pratici del corso. I numerosi contatti avuti con lui per l'organizzazione del corso me ne hanno fatto apprezzare la passione per la S. Scrittura e la disponibilità a mettere le proprie competenze a servizio degli studenti. Quando vicende tristi e drammatiche, purtroppo frequenti nell'area mediorientale, suscitavano perplessità sull'opportunità di tenere il corso, egli era sempre pronto, forte della sua esperienza dei decenni vissuti in Terra Santa, a dirmi di tranquillizzare gli studenti. Il corso costava a lui fatica e sacrificio, perché doveva dedicare ad esso parte delle sue vacanze estive, ma alla fine di ogni corso mi perveniva immancabilmente una sua nota di soddisfazione nel constatare l'entusiasmo con il quale gli studenti avevano partecipato e la loro gratitudine per quanto ricevuto. Il Signore lo ha inaspettatamente chiamato a sé quando ormai aveva tutto predisposto per il corso di settembre 2014 ed era pronto a guidare il 15° gruppo di studenti. L'Istituto Biblico sarà sempre grato a lui e al p. Alliata per la competente collaborazione prestata in tutti questi anni.

---

[10]   Cfr. *Vinea Electa* (bollettino informativo dell'Associazione ex-alunni/e del Pontificio Istituto Biblico) 1 (2000), pp. 12-13.

Molti studenti, ai quali avevo subito comunicato la notizia della morte di p. Pietro, mi hanno risposto per esprimere il loro dolore e confermare la loro riconoscenza. Ho chiesto a uno di essi, Luigi Santopaolo, che ha partecipato al corso nel 2010, di aggiungere una testimonianza più diretta sul corso stesso.

«... Si metteranno a gridare le pietre» (Lc 19,40): alla scoperta della Terra Santa
di Luigi Santopaolo, ex studente

Era il settembre del 2010 quando io e alcuni studenti del mio anno potemmo partecipare al corso in Terra Santa, per la maggior parte animati da quell'entusiasmo da matricole del primo anno, che, pur avendo acquisito competenze poco più che basilari nell'ambito della ricerca biblica, portano in sé un singolare fermento di conoscenza. A questo bisogno mai fu data risposta più competente ed efficace: padre E. Alliata e padre P. Kaswalder ci introdussero subito in un mondo che fino ad allora avevamo contemplato da spettatori passivi. Il corso si componeva di due parti, la prima, più esigua, consisteva in lezioni frontali relative alla storia d'Israele e al metodo della ricerca archeologica, mentre la seconda parte era costituita da un'analisi in campo pratico mediata da escursioni nella Città Santa e su tutto il territorio d'Israele, dalla Samaria fino a Be'er Sheva, dalle alture del Golan ad Ascalon. Padre Alliata si occupava di introdurci alle meraviglie di Gerusalemme, seguendo cronologicamente le fasi evolutive della città, dalla preistoria fino al periodo bizantino, dedicando particolare attenzione ai momenti salienti della storia biblica delle grandi monarchie templari. Lungi da ogni intento apologetico, la prospettiva presentataci era eminentemente scientifica, basata sull'evidenza della cultura materiale e la catalogazione dei reperti, qualcosa che sarebbe stato difficile apprendere da lezioni accademiche tradizionali e che invece risultò immediatamente evidente dall'osservazione autoptica. Padre Alliata, con quella perizia che solo una pluriennale esperienza può dare, ci fornì uno spaccato chiaro e sistematico della storia delle indagini archeologiche in Gerusalemme, storia che per alcuni decenni ha visto lui stesso come diretto protagonista. Un aspetto interessante, sebbene non strettamente legato alla ricerca archeologica, ma al quale padre Alliata presta particolare attenzione, riguarda l'ecumenismo e il dialogo interreligioso: le informazioni concernenti le diverse confessioni cristiane con cui venivamo in contatto, nonché le grandi religioni, delle quali Gerusalemme costituisce la culla, sono state un patrimonio prezioso.

Padre Kaswalder, invece, si occupava delle escursioni extragerosolimitane, in quei siti di singolare interesse biblico, quali Ascalon, il Mar Morto e le grotte di Qumran, il Garizim, Tel Dan, Nazaret, Cafarnao, Gerico, Betania, Sefforis. I suoi testi di Onomastica biblica e di Geografia sono stati un vademecum imprescindibile per il nostro lavoro di indagine sul territorio. Le sue ricostruzioni storiche a partire dall'analisi della cultura materiale sono state capaci di aprire in noi orizzonti nuovi e di spingerci a leggere oltre. Riuscire in un solo mese a presentare in tutta la loro complessità le problematiche più significative dell'investigazione archeologica in Terra Santa e aprire scenari sulle più disparate posizioni, da quelle minimaliste a oltranza fino a quelle più spudoratamente apologetiche, risulta essere un compito di non facile realizzazione, ma è stato egregiamente svolto dalla nostra guida. Un interesse peculiarmente curato da padre Kaswalder riguardava la genesi e la fenomenologia dei culti in Israele, un argomento che potrebbe essere considerato il *fil rouge* delle nostre escursioni: i reperti dei vari templi e luoghi di culto, di cui è costellato il territorio d'Israele da nord a sud, trovavano nell'analisi fornitaci da padre Kaswalder una collocazione e una ragione storico-religiosa nell'evoluzione del credo biblico. Nel riprendere il quaderno degli appunti del corso mi imbatto in una sua citazione, che avevo del tutto dimenticato e il cui senso oggi riaffiora alla memoria con lucida e commossa presenza: «Amo l'insegnamento della Sacra Scrittura, perché noi non insegniamo contenuti, ma un metodo. Noi non imponiamo agli altri verità preconfezionate e digerite, pretendendo che le ripetano puntualmente, ma diamo loro strumenti, che permettano loro di prendere il largo e avventurarsi in terre inesplorate. Non diciamo agli altri in cosa credere, ma indichiamo il modo per arrivarci».

Questa frase riassume, a mio avviso, il valore profondo dell'esperienza fatta e la totale dedizione di quest'uomo, la cui dipartita abbiamo da poco tristemente appreso, a quei luoghi, alle parole rievocate da quelle pietre, alla Parola in esse radicata. Non può l'inerpicarsi ardito del sentiero di Engeddi dimenticare il suo passo, non possono le piane desertiche di Be'er Sheva non portarne il ricordo, non può il fragore dei flutti di Cesarea Marittima non risuonarne l'eco. E se noi tacessimo «si metteranno a gridare le pietre», quelle pietre alle quali ha dedicato la sua vita, investigando in esse la verità cui era stato chiamato. Ritornati dal viaggio, continuiamo a portare dentro di noi, ciascuno a suo modo, parole, luoghi e soprattutto persone che oggi, da giovani docenti, riconosciamo essere maestri di vita, con i quali abbiamo avuto il privilegio assoluto di condividere un pezzo di strada.

Un Maestro per tutte le stagioni. Padre Pietro, *in memoriam*
di Laura C. Paladino

Ho conosciuto Padre Pietro un giorno di primavera del 1993: venne a prenderci a Tel Aviv, all'atterraggio del nostro volo da Roma, per presentarci la Terra Santa. Non avevo ancora quindici anni, allora. Arrivavo in Israele per la prima volta, ignara di ciò che quel viaggio avrebbe significato per me e per la mia vita, mentre impazzava la prima Intifada, e la gioia di essere finalmente là si contrapponeva alla preoccupazione di non aver scelto il momento più tranquillo. Arrivavo con la mia famiglia e tanti pellegrini che condividevano lo stesso desiderio di ripercorrere i passi terreni di Gesù, e di trascorrere a Gerusalemme la Pasqua di quell'anno. Si presentò con poche parole, come era lui, schivo ed essenziale: non disse nulla di quello che era, che sapeva. Disse "solo" che sarebbe stato la nostra guida durante il pellegrinaggio, e non ci lasciò neanche lontanamente immaginare – ma lo capimmo presto – quale grazia sarebbe stata averlo con noi in quelle giornate.

Già, quelle giornate... Ne conservo un ricordo nitidissimo, nonostante sia passato tutto questo tempo: ogni luogo, ogni momento è rimasto dentro, con una lucidità straordinaria. Me ne sono accorta tornando a Gerusalemme nel 2009, sedici anni e innumerevoli libri dopo: tutto era come lo ricordavo, senza che la memoria si fosse minimamente appannata. Non mi è mai più successo per nessun altro viaggio, per nessun altro posto: ed è normale che sia andata così, dato che quel pellegrinaggio in Terra Santa con padre Pietro ha fondato gran parte delle mie scelte successive, è stato l'appuntamento con il Signore e con la mia vita... o meglio, l'appuntamento che il Signore aveva fissato tra me e quello che Lui aveva pensato per la mia vita.

Cominciammo risalendo la via del mare, mentre padre Pietro ci raccontava il valore storico di quella strada. Continuammo tra Nazaret e Cana, Cafarnao e Tiberiade, Naim e Magdala, nella Galilea delle genti, e poi giù per la Giudea, fino a Gerico e a Qumran, tenendo al centro Betlemme, dove alloggiavamo, e Gerusalemme, cuore del mistero, sempre con la guida vigile e attenta di un uomo, di un frate e di un sacerdote straordinario, capace di mettere la fede e la cultura, il cuore e la testa, al servizio di tutti noi e di quel pellegrinaggio faticoso: ricorderò sempre le parole brevi e puntuali per ogni posto, per chiarirci la certezza, la probabilità o l'assoluta inesattezza del luogo. Per esempio quelle con cui definì Betania, dove sono tornata solo il giorno di Pasqua del 2012, poche ore prima di un evento che, come quel pellegrinaggio di tanti anni fa, e ancora a Gerusalemme, ha segnato fortemente la mia esistenza: «Questa è la casa dell'amicizia, la casa della speranza, e anche... la casa della pace», disse nei luoghi di Lazzaro, Maria e Marta. Come doveva suonare, allora, il richiamo alla pace in una terra di guerra? Non mi ricordo più, ma la tenerezza di quel posto mi rimase nel cuore per lungo tempo, e ho desiderato tanto tornarci... Ricordo la ricchezza delle spiegazioni storiche sui luoghi e sui loro nomi, sulla geografia e sulla topografia della Terra Santa, spiegazioni puntuali e scientifiche, anche se erano per un gruppo di pellegrini, taluni anche senza troppa cultura... ma a tutti va fatta, allo stesso modo, la carità della verità.

Mi ricordo l'energia con cui ci guidò, e anche la responsabilità paterna che mise in quell'incarico, nella primavera di tafferugli in cui arrivammo: ci impose di cambiare itinerario il primo giorno, per evitare di essere presenti a uno scontro annunciato, e di partire nottetempo l'ultimo, per lo stesso motivo; ci fece salire di corsa sul pullman, una sera che eravamo di ritorno da una delle tante escursioni, appena in tempo per vedere dei bambini lanciare pietre contro la vettura, e ancora rivedo la paura negli occhi delle persone più anziane del gruppo... e ricordo che fumava, fumava tanto, che a volte mi chiedevo perché lo facesse... forse per eliminare la tensione di un viaggio a tratti pericoloso. Non l'ho più visto fumare da allora, mentre quegli occhi azzurri e rapidi, che era difficile fissare diritti, sono rimasti sempre gli stessi, un pezzo di cielo che guardava la terra...

Me lo ricordo nei luoghi della fede e in quelli della ricerca; me lo ricordo a Qumran, per esempio, quando per ridere salì sul cammello come tutti gli altri pellegrini per fare una foto, e poi ci portò in giro per l'insediamento per spiegarcene il significato, e io insistevo perché volevo vedere le grotte, ma non c'era abbastanza tempo per addentrarsi fino a una di esse. «Tornerai un'altra volta solo per quelle, ci potrai studiare sopra, magari», mi disse. Quasi una profezia!

Già, perché allora lui non poteva sapere che la sua passione e la sua competenza stavano orientando i miei interessi, né poteva immaginare quali sarebbero state le scelte che avrei fatto di lì a poco per la mia vita e per i miei studi... o forse sì? Non l'ho mai capito del tutto. Senz'altro ne fu contento, quando ci rivedemmo nella città santa, e gli dissi che era merito o colpa sua se ero di nuovo là, per ragioni in parte diverse rispetto alla prima volta. Perché poi, se arrivi a Gerusalemme, il pellegrinaggio ce l'hai sempre nel cuore, insieme al senso di un ritorno a casa di cui hai sentito nostalgia fin da quando sei partito l'ultima volta.

I modi schivi di padre Pietro non gli impedivano di scherzare: me lo ricordo spesso, durante quel primo pellegrinaggio, giocare con i bambini del gruppo, con mio fratello e con tutti i suoi perché; fu la prima cosa che mi chiese, quando ci rivedemmo: si ricordava perfettamente di me, della mia famiglia, di quel bambino: «E tuo fratello, che dice? Fa ancora tutte quelle domande piene di perché?»… Anzi, no, non fu la prima domanda. Quella la disse a voce, ma ce n'era stata un'altra prima, senza parole, che continuò a farmi tutte le volte che ci incontrammo da allora in poi: mi prendeva la mano sinistra e guardava l'anulare. «Non ti sei ancora sposata?», voleva dirmi. E sempre me lo diceva in quel modo tutto suo. Perché anche in questo era un maestro, nella saggezza autentica di chi conosce la vita più di te, e sa che in fondo è per le scelte cardinali che passa e si realizza la vocazione intera di una persona. Questo pensiero per il mio matrimonio mi inteneriva, era lo stesso pensiero di un padre amorevole, e significava, insieme a tante altre cose, che mi voleva bene.

L'ultima volta che lo vidi, nel dicembre del 2013, a Gerusalemme, c'era con me l'uomo che sarebbe diventato mio marito: feci in tempo a presentarlo a padre Pietro, e lui fu profondamente contento di conoscerlo. Ci regalò il suo ultimo lavoro sulla Galilea, "Terra della Luce", e ci fece auguri ricchi di affetto e pieni della bellezza di Terra Santa. E in Galilea, dove tutto è cominciato, lo ritrovai nell'ultima telefonata che ci scambiammo, l'aprile scorso. Era andato a seguire i lavori di Cafarnao, ereditati da padre Loffreda. Ed era contento di sentirmi.

È andato via senza fare rumore, come era nel suo stile, una mattina di primavera, quasi d'estate; ne ho avuto notizia mentre a Roma diluviava e io stavo a pranzo con persone che avevano a che fare con la mia esperienza di Terra Santa. Inattesa la notizia, inatteso il dolore; forte la certezza che ora è in quella Luce che ha descritto nella terra dei vivi, nelle città terrene in cui è passato il Signore. Abbiamo deciso di sposarci dopo la sua dipartita, e quindi non abbiamo potuto avvertirlo che lo avremmo fatto, ma siamo certi che ci ha benedetti dal cielo in quel giorno di grazia. E che da lassù osserva sorridendo le nostre mani e quelle piccole fedi d'oro, e non scuote più la testa come quando vedeva la mia mano ancora spoglia, e sa di aver portato a compimento la sua più grande missione: quella di averci aiutato a trovare la strada, lungo la Terra Santa e nel percorso dell'esistenza, come sa fare una Guida autentica, un Maestro vero, per tutte le stagioni.

Dall'archivio dello SBF

Obbedienza per recarsi a Gerusalemme

22 agosto 1979

In virtù della presente il R.P. Pietro Kaswalder, della Provincia Tridentina, ha la facoltà di recarsi a Gerusalemme e di dimorare nel convento della Flagellazione in vista del proseguimento degli studi di specializzazione nello *Studium Biblicum Franciscanum*.

Roma, Curia Generalizia
Via S. Maria Mediatrice, 25
22 agosto 1979

Fr. Antonino De Guglielmo O.F.M.

Richiesta di padre S. Loffreda di avere padre Pietro allo SBF come docente

Gerusalemme, 27 novembre 1983

Chi una PIETRA mi darà
una grazia riceverà

Molto Rev.do P. Provinciale,
con la presente vengo a chiedere, in nome del nostro padre san Francesco, non una pietra, ma PIETRO in persona, come futuro professore di archeologia presso il nostro *Studium Biblicum* di Gerusalemme.

Il caro p. Pietro Kaswalder sta per terminare la sua formazione biblica, indispensabile per un buon archeologo palestinese e già da tempo si è inserito nelle nostre ricerche archeologiche sia a Macheronte che a Cafarnao e si è impegnato a imparare l'arabo e l'ebraico moderno per trascorrere la sua vita in questo angolino del mondo.

A questi giovani volenterosi noi non offriamo né gloria né vita facile: chiediamo di sacrificare la loro vita per un nobile ideale al servizio dell'Ordine e della Chiesa. Siamo coscienti di chiedere anche a lei e alla sua Provincia un grande sacrificio: lo facciamo coll'umiltà del povero che nulla pretende e che ha le tasche vuote. Che il Signore dei poveri ricopra di benedizioni quanti ci aiutano a continuare con competenza e dedizione la nostra missione. Per noi "veterani" che avanziamo negli anni, è una grande consolazione preparare per tempo nuovi professori che prenderanno il nostro posto e dei quali potrà dirsi: «Non fu sì forte il padre».

Nella fiduciosa attesa di una sua benevola risposta, porgo a lei e al suo definitorio un anticipato ringraziamento e i miei più distinti ossequi.

In san Francesco dev.mo

P. Stanislao Loffreda ofm
Direttore dello *Studium Biblicum*

M.R.P. Provinciale
P. Germano Pellegrini
Belvedere S. Francesco 1
38100 Trento

**Risposta del padre Provinciale Germano Pellegrini
a padre S. Loffreda, Direttore dello SBF**

Trento, 13 febbraio 1984

R.P. Stanislao Loffreda
Studium Biblicum Franciscanum
Jerusalem-Israel
e p. c. P. Pietro Kaswalder

Reverendo Padre Direttore,

ho presentato la Sua domanda del 27 novembre 1983 – relativa a p. Pietro Kaswalder quale futuro professore presso lo *Studium Biblicum Franciscanum* di Gerusalemme – al mio Definitorio e, sentito pure l'interessato, finalmente posso esprimerLe il parere favorevole.

La nostra piccola Provincia accetta il grande sacrificio per il bene dell'Ordine e condividendo col padre s. Francesco la preoccupazione per la Terra Santa. P. Pietro potrà quindi orientare definitivamente la sua preparazione culturale-religiosa al compito che lo attende, ultimando anzitutto la formazione biblica.

La ringrazio vivamente per le lusinghiere espressioni di stima e di apprezzamento nei confronti del nostro padre. Ultimata la tesi, si potranno espletare le ultime formalità, se necessario, per il passaggio di p. Kaswalder allo *Studium Biblicum*.

Fraternamente in san Francesco
P. Germano Pellegrini
Ministro provinciale

Lettera di ringraziamento di S. Loffreda al Provinciale

Gerusalemme, 6 marzo 1984

Molto Rev.do P. Provinciale,

grande è la nostra gratitudine verso la sua «piccola Provincia che accetta il grande sacrificio per il bene dell'Ordine» concedendoci il p. Pietro Kaswalder come nostro futuro professore. La sua lettera mi giunge in un momento doloroso per il nostro *Studium*: domani dovrò recarmi a Roma per dare l'ultimo abbraccio ad un nostro ancora giovane e valente professore – il p. Angelo Lancellotti – che ci lascia per il cielo a causa di un grave tumore osseo che lo ha ridotto in fin di vita, senza più speranza di ricupero. Voglia il Signore benedire mille volte la sua Provincia Tridentina. Senza l'appoggio delle Province il nostro piccolo *Studium Biblicum* non potrebbe sussistere. E invece notiamo che san Francesco ci protegge e ci vuole bene e possiamo guardare al futuro con fiducia e ottimismo. La sua lettera inoltre ci è giunta in un periodo di profondo rinnovamento dello *Studium Biblicum*: lei è certamente a conoscenza delle decisioni del Definitorio Generale concernenti l'Antonianum di Roma. A noi hanno consigliato non una cura dimagrante ma ricostituente, lanciandoci verso obiettivi sempre più impegnativi e vasti. Con l'aiuto del Signore e l'appoggio delle Province e dell'Ordine i nuovi traguardi non solo non ci scoraggiano, ma ci entusiasmano. Però, da buon marchigiano, non mi lascio impressionare dalle belle parole, ma dai fatti. E i fatti sono questi: finora lo *Studium* è andato avanti per l'appoggio delle Province!

E dato che le parole rimangono parole, aggiungeremo nelle nostre concelebrazioni un'ardente preghiera al Signore perché pensi Lui a ricompensare la sua Provincia con una fioritura di vocazioni.

I nostri sinceri ossequi

dev.mo in san Francesco
P. Stanislao Loffreda ofm

Lettera di nomina a Direttore responsabile del Parco archeologico di Cafarnao

Gerusalemme, 18 marzo 2014

Caro padre Pietro,
il Signore ti doni la Sua pace.

Facendo seguito al colloquio tra noi intercorso, con la presente, Ti affidiamo l'incarico di Direttore responsabile dei lavori di ristrutturazione del *Parco archeologico di Cafarnao*.

Consapevoli della grande rilevanza del sito che abbiamo l'onore e l'onere di custodire, certi della tua esperienza e serietà professionale, Ti ringraziamo per l'impegno da Te assunto.

Fraternamente,

Fra Pierbattista Pizzaballa, OFM
Custode di Terra Santa

Ricordando Pietro A. Kaswalder attraverso i suoi scritti

Questa sezione comprende quattro pezzi apparsi perlopiù nelle pubblicazioni delle Edizioni Terra Santa, che non trattano in forma specifica il tema delle escursioni biblico-archeologiche. Il primo intervento, dedicato agli antichi pellegrini di Terra Santa, tratta dell'origine del pellegrinaggio cristiano, in particolare delle testimonianze del pellegrino di Bordeaux, di Egeria e di san Gerolamo con le discepole Paola ed Eustochio. Il secondo testo è stato scritto in occasione del restauro del sito che ricorda la locanda del Buon Samaritano, nel deserto di Giuda fra Gerusalemme e Gerico. Il terzo riguarda un tema classico, cioè la storia e l'archeologia del Santo Sepolcro. Infine riproponiamo la pagina introduttiva del calendario Massolini 2014, dedicato alla Galilea, regione particolarmente amata da padre Pietro e qui brevemente descritta.

Gli argonauti della Parola
(da *Antichi pellegrini in Terra Santa*, Edizioni Terra Santa, Milano 2009, 6-18)

I primi pellegrini cristiani in Terra Santa

Introduzione

Il pellegrinaggio è un fenomeno comune a molte religioni. Quello cristiano deriva direttamente dalla Bibbia. Lo troviamo nella preghiera dei Salmi: «Passando per la Valle del Pianto la cambia in una sorgente, anche la prima pioggia la ammanta di benedizioni, cresce lungo il cammino il suo vigore finché non compare davanti a Dio, in Sion» (Sal 84,7-8). E lo troviamo nelle figure carismatiche dell'AT. In 1 Re 18,1-18 leggiamo del Profeta Elia che viaggia verso il Monte di Dio, il Sinai, per vedere la Gloria di Yhwh. In controluce il primo pellegrino fu Abramo, che compie un lungo viaggio dalla Mesopotamia: «Esci dalla tua terra e va', nel paese che io ti mostrerò» (Gen 12,1-3).

Con questi presupposti non meraviglia che il pellegrinaggio sia diventato un fenomeno tipicamente cristiano. Le circostanze storiche del IV secolo d.C. con la pace costantiniana e la costruzione delle prime basiliche cristiane sui Luoghi Santi a Gerusalemme e a Betlemme, permisero ai fedeli di ogni parte dell'impero di recarsi in Terra Santa a fare il pellegrinaggio per conoscere i Luoghi Santi. In una *Lettera* di Costantino riportata da Eusebio di Cesarea troviamo per la prima volta espresso il concetto cristiano di "Luoghi Santi", che l'imperatore invita a purificare dalla contaminazione del paganesimo.

Ma se ci chiediamo: quando iniziano i pellegrini cristiani a muoversi verso la Terra Santa? queste sono le risposte più sicure. Le origini storiche del pellegrinaggio non sono precisabili, ma possiamo basare le nostre ricerche sulle testimonianze dei pellegrini che hanno lasciato memorie scritte, testimonianze, ecc. Prima ancora che l'impero romano permettesse ufficialmente la religione cristiana (313 d.C.), i pellegrini si mettevano in cammino per visitare le tombe degli Apostoli, dei Martiri, e i Luoghi Santi delle terre bibliche.

Melitone di Sardi, martire intorno all'anno 190 d.C., viene considerato uno dei primi pellegrini. Definito dagli antichi "una stella dell'Asia Minore", Melitone andò in terra di Israele per trovare spunti nella controversia sulla data della Pasqua e argomenti sul canone delle S. Scritture che la Chiesa stava elaborando. Il suo fu dunque un pellegrinaggio di studio alle sorgenti della fede cristiana. Ma Eusebio di Cesarea aggiunge: «Venne per vedere i luoghi dove fu annunciato e si compì ciò che contiene la Scrittura» (*Storia della Chiesa*: 4,26.14). Nella sua visita a Gerusalemme lo aveva colpito la posizione del Golgota, trovatosi al centro della nuova città di Aelia Capitolina costruita dall'imperatore Adriano. E così in Melitone di Sardi la topografia diventa teologia quando afferma che il Golgota è al centro del mondo, perché si trova al centro della città di Gerusalemme, che la teologia biblica considerava da sempre al centro del mondo (Melitone di Sardi, *Omelia sulla Pasqua*).

In Tertulliano (150-220 d.C.) incontriamo un maestro di eloquenza e un polemista di razza. In polemica con i pagani che consideravano Atene e la sua Accademia di filosofia una sorgente dello spirito e un luogo da visitare, proclama solennemente: «Che c'è tra Atene e Gerusalemme? La nostra dottrina è nata sotto il Portico di Salomone» (*De Praescriptione*, PL 2,23). Il Portico di Salomone è un luogo santificato dalla presenza di Cristo (cfr. Gv 10,32) e dagli Apostoli (cfr. At 5,12), e perciò viene indicato al pellegrino.

Il primo pellegrino in Terra Santa può essere considerato Alessandro il Cappadoce, un confessore della fede cristiana, che dopo la persecuzione subita in patria fece il santo viaggio verso Gerusalemme. Mentre era ospite della comunità cristiana, di forza venne consacrato Vescovo di Gerusalemme al posto di Narciso. San Gerolamo scrive di lui che «fece il viaggio in Terra Santa per pregare e per visitare i luoghi santi» (*De Viris Illustribus* 62). Alessandro era un erudito, fu amico di Origene e in Gerusalemme costituì una biblioteca alla quale attinse anche Eusebio per le memorie della Storia della Chiesa. Morì in carcere a Cesarea Marittima come testimone della fede, concludendo nella gloria il suo pellegrinaggio (251 d.C.).

Nel terzo secolo d.C. incontriamo un altro pellegrino d'eccezione, Origene di Alessandria. A motivo della persecuzione dei cristiani in Egitto al tempo di Settimio Severo, era fuggito verso Cesarea Marittima. Da questa metropoli politica e culturale aprì la sua mente ai problemi di storia, geografia e topografia che si trovano nelle Scritture. E nacque in lui l'esigenza di conoscere a fondo i luoghi, in particolare quelli menzionati nei Vangeli. Celebre la sua espressione nel Commento a Gv 1,28: «Essendomi recato in quei posti per ricostruire l'itinerario di Cristo, dei suoi Discepoli e dei Profeti».

Sono altrettanto notevoli le sue disquisizioni erudite sulla località del miracolo dell'indemoniato della Decapoli (Gerasa o Gergesa?, Mc 5,1; Mt 8,28; Lc 8,26); sulla identificazione di "Betania al di là del Giordano" (Bethabara, Gv 1,28); sulla identificazione della Montagna della Trasfigurazione (Monte Tabor, Mc 9,2-8), e sulla identificazione di Emmaus, il villaggio della manifestazione post-pasquale (Emmaus-Nicopoli, Lc 24,13-35).

Le ragioni per compiere il pellegrinaggio in Terra Santa come si vede possono essere molteplici. Quelle più vicine allo spirito del credente sono esposte nelle opere dei primi pellegrini in Terra Santa: vi troviamo espressa l'esigenza di vedere con i propri occhi i luoghi dove si è incarnata la rivelazione divina, quella dell'Antico unita inscindibilmente con quella del Nuovo Testamento. E viene espresso il desiderio di pregare sui luoghi santificati dalla presenza del Signore Gesù.

I pellegrini del IV e V secolo

Il pellegrino Anonimo di Bordeaux

Verso la fine del regno di Costantino, nel 333 d.C., un pellegrino cristiano di Bordeaux si recò in Palestina percorrendo le vie imperiali lungo la Gallia, l'Italia e i Balcani. Giunto a Costantinopoli, proseguì per le province dell'Asia Minore, il Libano e finalmente raggiunse la Palestina. Durante tutto il suo viaggio il pellegrino annotò accuratamente tutte le tappe e le distanze, e ci lasciò il cosiddetto *Itinerarium Burdigalense*.

Si tratta di un prezioso documento che ci consente di ripercorrere l'itinerario dalla Spagna fino alla Palestina. Il documento è anonimo, e questo ci preclude la possibilità di saperne di più sul personaggio che lo ha redatto. Dal testo si deduce che probabilmente era un funzionario pubblico, che aveva la facoltà di viaggiare sul *cursus publicus*, cioè il servizio postale romano che seguiva le vie di comunicazione pubbliche. Le informazioni sulle tappe del viaggio (*mansiones*), i cambi dei cavalli (*mutationes*), le distanze (in miglia romane) corrispondono a quelle che si trovano in altri documenti ufficiali conosciuti, come l'*Itinerario* di Antonino (III secolo) e la *Tabula* di Peutinger (IV-V secolo).

La parte del resoconto che ci interessa maggiormente inizia da Costantinopoli, e contiene informazioni e annotazioni, che diventano sempre più abbondanti e precise, man mano che si avvicina alla Palestina. Nella prima parte (*Itinerario* 549-584) sono indicate solo le distanze in miglia e poche informazioni di carattere storico, ma nel descrivere le tappe della Terra Santa il Pellegrino di Bordeaux prende a mani piene dalla Bibbia e dalle tradizioni ebraiche e cristiane che erano in uso a quel tempo (*Itinerario* 585-599). Nella terza parte, cioè il ritorno in patria, il racconto ritorna ad essere scarno come nella prima (*Itinerario* 600-617).

Le notizie di carattere biblico si possono dividere in due gruppi di tradizioni distinte: da una parte abbiamo una serie di notizie relative all'Antico Testamento di fonte giudaica. Dall'altra troviamo una serie di informazioni provenienti da circoli cristiani, forse di giudeo-cristiani.

Un esempio delle prime è la descrizione dell'area del tempio di Salomone, caratterizzata dalla presenza delle statue dell'imperatore Adriano, e da una tradizione popolare giudaica che fa i lamenti sulla distruzione del tempio: «E nello stesso edificio, dove fu il tempio costruito da Salomone, diresti che oggi stesso è stato versato là sulla pietra, davanti all'altare, il sangue di Zaccaria; appaiono per tutta la superficie anche le impronte chiodate dei soldati che lo uccisero, (impronte) che tu crederesti impresse nella cera. Vi sono in quel posto anche due statue di Adriano e, non lontano dalla statua, vi è pure una pietra bucata alla quale vengono ogni anno i Giudei e la ungono e fanno lamenti, si strappano le vesti e poi si allontanano. Lì sta anche la casa di Ezechia re di Giuda» (*Itinerario* 591). Una seconda tradizione giudaica descrive il santuario di Hebron costruito da Erode il Grande sulle Tombe dei Patriarchi: «Dal Terebinto ad Ebron vi sono 2 miglia, dove c'è una costruzione di forma quadrata, fatta con pietre di grande bellezza; là sono sepolti Abramo, Isacco, Giacobbe, Sara, Rebecca e Lia» (*Itinerario* 599).

Il secondo gruppo di tradizioni che hanno origine cristiana, presenta i primi ricordi evangelici a Gerusalemme e in altre città di Palestina. Vediamo come esempio la memoria della Samaritana al Pozzo di Sicar: «A un miglio da lì [Sichem] vi è un luogo chiamato Sicar, da dove scese la donna samaritana a quel medesimo posto dove Giacobbe aveva scavato il pozzo per attingere da esso l'acqua e il Signor Nostro Gesù Cristo parlò con essa. Là vi sono pure gli alberi di platano, che piantò Giacobbe e il bagno dove ci si lava con l'acqua di quel pozzo» (*Itinerario* 588).

Le informazioni sono di solito accurate, sia per l'Antico che per il Nuovo Testamento. La prima notizia di carattere biblico riguarda Tarso, nella provincia di Cilicia, quando scrive: «Città di Tarso. L'apostolo Paolo era origi nario di quel luogo» (*Itinerario* 579). La seconda citazione biblica riguarda Sarepta, una città della costa fenicia: «Sarepta. In quel luogo Elia andò dalla vedova e chiese il cibo per sé» (*Itinerario* 583).

Entra poi nel vivo della descrizione appena raggiunge i confini della Provincia di Palestina, della quale Cesarea Marittima era la capitale amministrativa fin dal I secolo d.C.

«Fermata a Sicamino (Haifa, 3 miglia)» (*Itinerario* 584). «Là sta il Monte Carmelo dove Elia fece il sacrificio. Cambio a Certha (8 miglia). Confini della Siria-Fenicia e della Palestina (8 miglia). Città di Cesarea di Palestina, cioè di Giudea (8 miglia). Da Tiro a Cesarea di Palestina vi sono 73 miglia, 2 cambi e 3 fermate. Là sta il bagno di Cornelio il Centurione, il quale faceva molte elemosine» (*Itinerario* 585).

Descrive succintamente il tragitto da Cesarea a Gerusalemme, passando o menzionando Megiddo (*Maximianopoli*), Gizreel (*Esdradela*), Bet Shean (*Scitopoli*), Asher, Neapoli, Sichem, Bethel (*Itinerario* 586-589).

L'*Itinerario* da 589 a 596 relaziona sulla città di Gerusalemme. L'autore è interessato a vari monumenti (spianata del tempio, palazzo di Davide, palazzo di Salomone, palazzo di Caifa, Casa di Pilato, le tombe di Isaia e di Ezechia) e alle prime tradizioni cristiane: la torre della Tentazione, il Sion cristiano, la Probatica, la Piscina di Siloe, il Calvario, le Basiliche costantiniane sul S. Sepolcro e sull'Oliveto.

È colpito dalle torri e dalle mura difensive della città, dalla sorgente di Siloe e dalle grandi piscine che arredano la città per soddisfare il suo bisogno di acqua.

Fuori di Gerusalemme menziona il Monte degli Olivi (595), Betania e la Tomba di Lazzaro (596); scende a Gerico per vedere la sorgente di Eliseo, la casa di Rahab, il sicomoro e la casa di Zaccheo; ricorda il passaggio del Giordano, il Battesimo di Gesù, il Mar Morto di cui sottolinea l'amarezza delle acque (596-598). Si è recato poi a Betlemme dopo aver superato la Tomba di Rachele (598); scese a Betsaora per commemorare la Fontana di Filippo (599) e giunse a Hebron dove ricorda la basilica di Mamre voluta da Costantino e le Tombe dei Patriarchi col monumento erodiano (599).

La testimonianza del Pellegrino di Bordeaux è molto importante perché è la prima a informarci delle trasformazioni politiche e religiose che la Terra Santa stava sperimentando. Rileva i tratti pagani ancora presenti, ad esempio le due statue di Adriano ancora in vista sulla spianata del tempio, ma segnala le novità introdotte dalla politica cristiana di Costantino. Ricorda che per suo ordine (*iussu Constantini*) sono state fatte le basiliche del Sepolcro, dell'Eleona e della Natività a Betlemme.

Nell'*Itinerario* di Bordeaux si nota la mancanza del Monte Tabor, che viene inteso dagli studiosi moderni come un indizio che a quel tempo non era ancora fissata l'identificazione del Monte della Trasfigurazione. E infine nell'*Itinerario* di Bordeaux non compare la Galilea, dove il pellegrino non si è recato.

La pellegrina Egeria

Il più famoso tra gli antichi diari di pellegrinaggio in Terra Santa è opera di una nobile donna originaria della Galizia, una provincia della Spagna. Il nome dell'autrice, Egeria, lo fornisce un autore spagnolo di qualche secolo posteriore, Valerio del Bierzo in un'opera intitolata: *Lettera scritta a lode della beatissima Egeria*. Da quanto risulta Valerio possedeva un codice del *Diario* di Egeria, e lo mostra come opera degna di attenzione.

Egeria viaggia per conoscere le Scritture e i luoghi dove sono state scritte. Non va ai luoghi santi per chiedere grazie o miracoli, ma per comprendere e confermare la Scrittura.

Purtroppo l'opera ci è pervenuta mancante della parte iniziale, di quella finale ed è priva di qualche foglio anche all'interno. Tuttavia alcuni estratti, appartenenti anche alla parte mancante, furono riportati da Pietro Diacono, abate di Montecassino, che aveva composto un manuale per i pellegrini medievali (XII secolo) intitolato *Libro sui Luoghi Santi*. Ma nel 1884 fu riscoperto nella Biblioteca di Arezzo un codice del *Diario* di Egeria (*Codex Aretinus* 405), seppur mutilo all'inizio e alla fine.

Quello che rimane, e cioè la *Lettera* di Valerio del Bierzo e le riscritture di Pietro Diacono nel *Libro sui Luoghi Santi*, è sufficiente a ricostruirci la personalità, il metodo e le finalità dell'autrice del *Diario*. Il testo si presenta sotto la forma di lettera che l'autrice indirizza alle sue «venerande signore e sorelle» (*Diario* 3,8; 23,10; 46,1). Per questo e altri indizi Egeria è ritenuta da alcuni studiosi una monaca. Ma non è sicuro, e non è essenziale per la comprensione della sua opera.

La data del pellegrinaggio di Egeria viene collocata tra il 381 e il 384 d.C., tre anni intensi consumati nel ricercare, vedere e documentare. Il quadro storico del viaggio di Egeria si iscrive certamente nella seconda metà del IV secolo d.C. Il viaggio è segnato da alcune date sicure (morte di Eulogio, il vescovo di Edessa; la figura di Protogene vescovo di Charra e di Abramo vescovo di Bathna; cfr. *Diario* 19,1.5; 20,2) e da alcuni eventi che riguardano il Monte degli Olivi e il Sion cristiano a Gerusalemme. Egeria non vide ad esempio la costruzione circolare voluta da Pomenia sul luogo dell'Ascensione detto *Imbomon* (*Diario* 25,11, ecc.). Vide però la chiesa sul luogo del Cenacolo al Monte Sion (*Diario* 39,5).

Il libro si compone anzitutto di due grandi sezioni: nella prima sono narrati i quattro viaggi (cap. 1-23). Nella seconda sezione viene descritta la liturgia seguita dalla Chiesa di Gerusalemme (cap. 23-24). Più in dettaglio si trova il viaggio verso il Monte Sinai e l'Egitto (cap. 1-9); la salita al Monte Nebo che è luogo della morte di Mosè (cap. 10-12); la visita a Carneas in Edom «che era ritenuta la patria di Giobbe» passando per la valle del Giordano (cap. 13-16); il viaggio in Mesopotamia (cap. 17-23). L'ultima parte (cap. 24-49) si sofferma sulle funzioni liturgiche celebrate a Gerusalemme nel corso della Settimana Santa e nell'anno liturgico, a partire dall'Epifania fino alla festa della Dedicazione della basilica costantiniana il 14 di settembre.

Scrive il *Diario* (detto anche *Peregrinatio*) affinché le signore sue amiche, rimaste a casa, possano comunque dilettarsi e rifare con lei l'esperienza del viaggio. Il genere letterario è quindi una lettera, una finzione letteraria che si trova esposta in alcuni punti strategici del suo resoconto: «Voglio che sappiate, mie venerabili signore, mie sorelle» (*Diario* 3,8; 46,1); «Mie signore, mia luce, spedisco alla Carità Vostra questo mio scritto» (*Diario* 23,10).

Il suo viaggio è lunghissimo e copre tutti i paesi biblici, dall'Egitto ai confini orientali dell'impero romano. Arriva fino a Charra, l'antica Harran della Mesopotamia, la patria di Abramo. E al Vescovo Protogene chiede:

«Dov'è Ur dei Caldei?» (*Diario* 20,12). Non può visitare Ur perchè si trova fuori dei confini dell'impero romano, sotto il dominio persiano. Le basta allora sapere dal Vescovo di Harran che il luogo si trova a 10 giornate di cammino, oltre il confine.

Si possono vedere all'interno dell'*Itinerario* di Egeria due grandi interessi: uno per l'Antico Testamento nei viaggi e uno per il Nuovo Testamento nella liturgia gerosolimitana. Egeria porta con sé un codice della Bibbia (*Diario* 10,7) e ad ogni luogo santo legge i discorsi o i fatti relativi. La sua è una verifica della narrazione biblica, ed è ben lieta ogni volta che trova conferma della Scrittura. Egeria è assai curiosa «di sapere e di vedere», come scrive di se stessa (*Diario* 16,3). Colpisce la relazione stretta che Egeria pone tra i testi biblici e lo scopo del suo viaggio. Vuole che a spiegare i luoghi santi siano per lo più i monaci, perché li ritiene santi e ottimi conoscitori delle Sacre Scritture. Ma per le verità di fede ricorre ai Vescovi, tanto più che sono ex-monaci pure loro, e quindi ben preparati sulle Scritture. I monaci, siano essi quelli dell'Egitto, del Monte Nebo o della Cappadocia, incarnano per Egeria un ideale di vita ridotta all'essenziale: preghiera, studio della Scrittura, vita comunitaria, lontani dagli agi della vita civile. Un secondo tratto qualificante del pellegrinaggio di Egeria è la preghiera. La preghiera accompagna la lettura biblica, prima e dopo le visite e le spiegazioni. In genere proclama dei Salmi appropriati al fatto ricordato (*Diario* 14,1). Egeria viaggia *orationis gratia*, e si unisce continuamente alla preghiera dei monaci e degli asceti che custodiscono i luoghi santi.

San Gerolamo e le discepole Paola ed Eustochio
Nell'anno 385 S. Gerolamo in compagnia della matrona romana Paola e di sua figlia Eustochio ha compiuto un pellegrinaggio dalla Galilea a Gerusalemme. Gerolamo è stato un pellegrino *sui generis* e, per le sue discepole, è stato un vero e proprio animatore spirituale del pellegrinaggio. Dopo aver lasciato Roma, Gerolamo aveva una meta, Betlemme. Ma prima di rinchiudersi nella cella accanto alla grotta della Natività, ha visitato per esteso la Terra Santa, in compagnia anche di rabbini che lo istruissero sulle identificazioni dei siti e sulle tradizioni bibliche. Nei suoi *Commentari* ai testi sacri, e nelle sue *Lettere*, lascia trasparire più di una volta le memorie dei siti visitati, e le conoscenze acquisite.

Inoltre, ha tradotto l'*Onomastico* di Eusebio di Cesarea in latino, per cui si era fatto una conoscenza notevole della geografia biblica. Con questa versione apriva al mondo cristiano l'opportunità di conoscere i nomi della Bibbia in una lingua più accessibile. Eusebio aveva composto il suo trattato verso la fine del III secolo. Gerolamo lo traduce agli inizi del V secolo, e quindi può annotare di volta in volta l'avvenuta cristianizzazione dei luoghi biblici. Nell'arco di tempo intercorso tra i due lavori sui siti biblici, erano state costruite chiese e santuari cristiani in vari Luoghi Santi: a Bethel (Scala di Giacobbe), a Betania (Tomba di Lazzaro), al Getsemani (Agonia), a Sebaste (Tomba di S. Giovanni Battista), al Pozzo di Giacobbe a Sichar (la Donna Samaritana), a Hebron (la Quercia di Mamre). Si può dire che Gerolamo testimonia la cristianizzazione dei Luoghi Santi e la aggiunge alla biblicità dei siti già documentata a suo tempo da Eusebio.

Ma anche nei *Commenti* ai testi sacri inserisce notizie e documentazioni frutto della visita personale alle terre bibliche. Fino a sorprenderci con parole attualissime nella introduzione al commento dei Libri delle Cronache: «Chi ha visto la Giudea con i suoi occhi, e chi conosce i siti delle antiche città, i loro nomi siano essi gli stessi oppure siano cambiati, guarderà molto più chiaramente alle Sacre Scritture» (*PL* 29,401).

In molte *Lettere*, scritte a discepoli e discepole, espone i vantaggi del pellegrinaggio. Nella *Lettera* a Marcella, scrive: «È un compito della fede celebrare nel luogo dove è stato il piede del Signore, e fissare lo sguardo sulle tracce della Natività, della Croce e della Passione come se fossero nuovamente compiute» (*Epistula* 47,2.2). Nella *Lettera* indirizzata a Paola propone di fare il pellegrinaggio per vedere più chiaramente i fatti biblici, e rivivere gli eventi del Salvatore in ciascun luogo dove sono avvenuti. Ad esempio, suggerisce a Paola di «guardare alla Croce e di vedere come se il Signore fosse là appeso» (*Epistula* 108,9.2). Questa *Lettera* fu scritta in occasione della morte di Paola, come panegirico di una pellegrina che aveva visitato con fede e devozione tutta la Terra Santa. In essa Gerolamo ripercorre idealmente tutte le peregrinazioni fatte dalla santa, dalla Galilea fino all'Egitto, da Gerico fino a Gaza.

Alla locanda del Buon Samaritano

(da *Terrasanta* Nuova Serie V/6 [2010], 46-50)

Nel mese di maggio del 2009 è stato riaperto al pubblico il Khan del Buon Samaritano. Il sito era rimasto chiuso alcuni anni a motivo dei lavori di scavo e di restauro programmati dall'Amministrazione Civile di Giudea e Samaria, in collaborazione con il Dipartimento delle Antichità di Israele.

Il risultato finale dell'intervento di scavo e conservazione delle antichità è altamente lodevole. In ordine di importanza sono tre i punti più interessanti dell'intervento: 1) L'esame archeologico di tutta l'area, a sud e a nord della strada moderna. 2) La creazione del Museo del Buon Samaritano. 3) Il recupero dell'area sacra restituita all'attenzione dei pellegrini. Su questi temi ritorneremo dopo aver analizzato alcune memorie relative al sito del Buon Samaritano.

La parabola del Buon Samaritano, Lc 10,30-37

«Un uomo scendeva da Gerusalemme a Gerico, e incappò nei briganti...». Così inizia la celebre parabola del Buon Samaritano (Lc 10,30-37). Il racconto lucano ambienta la parabola sulla strada che da sempre collega la Montagna di Giuda con la Valle del Giordano. Il percorso si snoda dal Monte degli Olivi verso la valle del torrente Og (wadi es-Sidr), e poi prosegue lungo la valle del torrente Perat (wadi el-Qilt) per arrivare a Gerico.

Nel corso della narrazione si accenna ad una "locanda" dove il samaritano misericordioso avrebbe consegnato il povero viandante per ricevere l'assistenza e le cure necessarie dopo la brutta avventura: «Caricatolo sopra il suo giumento, lo portò a una locanda e si prese cura di lui» (Lc 10,34).

Stando ai risultati della ricerca archeologica appena conclusa, sembra possibile affermare che ai tempi del Nuovo Testamento (I secolo d.C.) esisteva nel sito chiamato Khan al-Hatrur una struttura di accoglienza per i viandanti. E quindi, è possibile che l'autore della parabola abbia preso lo spunto dalla realtà che aveva visto passando lungo la strada tra Gerico e Gerusalemme.

La parabola di Lc 10,30-37 è ambientata dai cristiani in un passaggio particolare della strada, circa a metà del viaggio tra Gerusalemme e Gerico. Precisamente a Khan al-Hatrur, a 18 km dalla Città Santa. Situata a lato dell'arteria asfaltata, la "locanda" del Buon Samaritano è visibile da lontano, essendo posta sull'altura che segna il passaggio dalla piccola pianura di S. Eutimio (Khan al-Ahmar, Mishor Adummim) alla discesa finale verso la Valle del Giordano.

La prima memoria del sito è fatta da S. Gerolamo che collega la parabola evangelica al forte militare che proteggeva la strada fin dalla prima epoca romana (I secolo d.C.).

I testi più antichi parlano soltanto della stazione militare, non ancora della memoria evangelica: cfr. Eusebio nell'*Onomastico* e la *Notitia Dignitatum*, 74,48. Secondo questo documento ufficiale dell'impero romano, a Maaleh Adummim stazionava la *Cohors prima salutaris*, incaricata di sorvegliare la strada tra Aelia Capitolina e Gerico. Solo in seguito, accanto alla caserma dei soldati viene ricordata la "locanda" del Buon Samaritano.

San Gerolamo è il primo autore che collega la parabola di Lc 10,30-37 alla stazione militare di Adommim. La sua proposta probabilmente è all'origine della identificazione fatta poco dopo, quando nel VI secolo d.C. è stata costruita la chiesa con la locanda per i pellegrini e viandanti, accanto alla fortificazione militare.

La locanda del Buon Samaritano ha subito pesantemente le vicende storiche, essendo esposta lungo un'arteria molto frequentata ed essendo collegata ad una struttura militare. Le testimonianze scritte, che ci parlano di questo santuario a partire dall'epoca crociata, non prima, ci parlano di un luogo mal conservato e pericoloso per la salute.

Maaleh Adummim, la Salita dei Rossi

I ricordi biblici di Maaleh Adummim sono presto riassunti. Nella geografia dell'Antico Testamento compare il nome di Maaleh Adummim, come punto di confine tra il territorio della tribù di Giuda (Gs 15,7) e quello della tribù di Beniamino (Gs 18,17). Il sito si presta bene a fare da riferimento ai viandanti occasionali o di professione come i militari, perché il colle comanda il passaggio da Gerusalemme verso Gerico nel punto in cui la strada si avvicina al torrente chiamato wadi el-Qilt.

Il territorio circostante è conosciuto come Deserto di Giuda, costellato dalle rovine dei monasteri di epoca bizantina. Per citare solo i principali, chi scende dal Monte degli Olivi incontra prima il monastero di Martirio (Khirbet Murassas) conservato al centro del grosso quartiere moderno di Maaleh Adummim. E subito dopo, scendendo di poco, incontra le rovine del monastero di S. Eutimio il Grande (Khan el-Ahmar). Proseguendo incontra la deviazione per il Monastero di S. Giorgio di Koziba.

S. Gerolamo (400 d.C.) nel tradurre in latino l'*Onomastico dei luoghi biblici* scritto da Eusebio di Cesarea (300 d.C.), offre una spiegazione interessante, a metà tra l'esegesi biblica e la parafrasi edificante: «Adommim, un tempo era una piccola città, ora ridotta a rovine; della tribù di Giuda; luogo che fino ad oggi è chiamato Maledomnei. In greco si chiama salita dei rossi; ma in latino si può chiamare salita dei rossi a motivo del sangue effuso qui dai predoni. È anche il confine delle tribù di Giuda e Beniamino, scendendo da Aelia verso Gerico, dove è stato posto un castello militare, per il soccorso ai viandanti. Il Signore si ricorda di questo luogo cruento e sanguinario nella parabola di colui che scendeva da Gerusalemme a Gerico» (*Onomastico* 25,9-16).

Nella *Lettera* 108 dove traccia il resoconto del pellegrinaggio fatto da S. Paola leggiamo: «Andando avanti (da Betania), scese a Gerico, ricordando il racconto evangelico dell'uomo ferito. Vide la località detta Adomim, che significa "del sangue", che le frequenti incursioni facevano versare».

Il termine "rosso", usato sia nella lingua ebraica (*adummim*) sia in quella araba (*ahmar*), rimanda al colore delle marne rossastre che affiorano lungo il tragitto. In arabo si trova pure il nome di Talaat ad-Dam, "la salita del sangue", che deriva da questa interpretazione della parabola.

S. Gerolamo fa derivare il colore rosso delle rocce dal sangue dei viandanti uccisi lungo quella strada, fissando in questo modo la natura all'insegnamento della parabola. I pellegrini dei secoli successivi ripeteranno all'unisono tale spiegazione.

Lo scavo archeologico di Khan al-Hatrur

L'esame archeologico diretto dall'israeliano Y. Magen ha permesso di ricostruire la storia occupazionale del sito, e questo è certamente il risultato più brillante dell'operazione "Buon Samaritano". Lo scavo archeologico ha rivelato le tracce delle prime abitazioni poste lungo questo percorso. In epoca erodiana (I secolo a.C.) furono scavate delle cisterne e fu costruito un edificio di medie dimensioni. Era dotato di terme, con stanze e mura in mattoni di buona fattura, e pavimenti mosaicati. Le fondazioni di questa struttura si trovano nelle vicinanze dell'abside della chiesetta di epoca bizantina. Nei pressi dell'edificio furono adattate anche delle grotte naturali, per farne depositi o abitazioni di fortuna.

Tra gli oggetti recuperati nello scavo sono da menzionare alcune monete coniate al tempo di Erode il Grande e di suo nipote Agrippa I. E poi alcune monete del periodo della prima rivolta contro Roma. Una porta la scritta: «Anno secondo della liberazione di Sion» (69 d.C.). E un'altra porta la scritta latina: *Iudaea Capta*, coniata al tempo di Tito Flavio (72 d.C.).

Il complesso formava un solido rifugio per le carovane di passaggio, sia militari che commerciali. Forse l'autore della parabola del Buon Samaritano aveva davanti agli occhi la realtà della stazione lungo la via per Gerico, e ha tratto spunto dalla vita vissuta, come molte altre parabole evangeliche insegnano.

Invece i resti che risalgono ai secoli IV e V d.C. sono molto scarsi. E ciò risulta strano perché non offre un preciso riscontro alla caserma militare segnalata nell'*Onomastico* 24,9-11 e nella *Notitia Dignitatum* 74,48.

Nel VI secolo fu costruito il recinto sacro cristiano, un quadrato di m 24x26. Era composto da un cortile con ingresso da sud con una grossa cisterna posta al centro, una chiesa e alcune stanze di abitazione. Un secondo cortile nel settore est era riservato agli animali delle carovane. La chiesa (m 11x21) aveva due file di colonne che separavano l'aula centrale dalle due navate laterali. E aveva il pavimento mosaicato, decorato con semplici motivi geometrici. Purtroppo, dopo la riscoperta della chiesa avvenuta nel 1934, quasi tutto è andato perduto per mancanza di assistenza e conservazione. Con un paziente lavoro certosino il manto musivo è stato ricostruito, e consta di ca. 1,7 milioni di tessere colorate! Il sito era rimasto in uso fino all'VIII secolo d.C., come testimonia un miliare datato 720 d.C. trovato nello scavo.

Il santuario cristiano fu ricostruito in epoca crociata (XII secolo d.C.) con dimensioni maggiori del precedente. Negli anni 1169-1172 i templari costruirono il Castello Rosso (Castello di Maldoim, Turris Rubea, o Castrum Rouge nelle fonti dell'epoca), dalle misure di m 60x70, situato a nord-est del recinto religioso. Una torre difensiva di m 8x9 fu posta sul fianco nord, e un fossato di larghezza variabile da 7 a 4 metri fu tagliato nella roccia per garantire ulteriore protezione al forte. Oggi le rovine di questo grande castello si trovano sul lato nord della strada asfaltata, che in pratica separa la fortezza militare dal complesso sacro.

Il recinto per i pellegrini fu ricostruito dai crociati con le dimensioni di m 34x36, con piccole stanze sui quattro lati. Alla cisterna di epoca bizantina fu aggiunta una nuova grande cisterna con copertura a volta, lunga m 16, larga m 7 e profonda m 7.

Questo complesso cristiano viene chiamato Cisterna Rossa (Cisterne Rouge) nelle fonti di epoca crociata: cfr. Teodorico (1172); Willibrando (1212) secondo il quale il castello era piccolo; Tethmarius (1217); Burcardo del Monte Sion (1283); Giacomo da Verona (1335) e Felix Fabri (1480). Il racconto di Teodorico è illuminante: «Al di là di Betania, verso est, a quattro miglia da Gerusalemme, si trova sopra un monte una cisterna rossa con una cappella, nella quale, si dice, Giuseppe fu gettato dai suoi fratelli. Ivi i templari costruirono un solido castello». Alcuni secoli dopo il Khan del Buon Samaritano era chiamato il Monastero o la Casa di Gioacchino: cfr. Francesco Suriano (1485) e Anselmo (1509).

In epoca mamelucca (XIV e XV secolo) il recinto rimase in funzione per i viaggiatori e i pellegrini. In epoca turca (dopo il XVI secolo) il recinto fu ricostruito sopra le rovine precedenti, recando per l'occasione danni alle strutture originali. Subì danni notevoli durante le operazioni belliche del 1917, e fu restaurato parzialmente durante il Mandato Inglese sulla Palestina (1934-1936).

I resti della locanda erano stati registrati e studiati da C.R. Conder e H.H. Kitchener, nel corso del *Survey of Western Palestine*, London 1883, vol. 3, 207-209.

Nella visita fatta al sito nell'anno 1939 padre B. Bagatti aveva trovato ancora le tracce del vallo, due stanze e il muro di cinta nella fortezza crociata; e aveva fotografato gli ultimi frammenti di mosaico della chiesa: cfr. il resoconto in B. Bagatti, *Antichi villaggi cristiani di Samaria*, Jerusalem 1979, 75-79.

Il nuovo Museo del Buon Samaritano

La struttura rettangolare costruita in epoca turca costituisce ancora oggi dopo gli ultimi interventi il nucleo principale del complesso. La nuova disposizione degli spazi ha permesso di creare un museo che può contenere parecchi materiali di scavo provenienti da differenti regioni di Israele, tra cui Gerico e Gaza. Il nuovo Museo del Buon Samaritano piacerà certo ai pellegrini come pure agli amanti delle antichità di epoca bizantina.

Gli spazi esterni alla chiesa, che recuperano i cortili originali della locanda, sono stati adibiti a sale di esposizione e percorso didattico. Vi sono raccolte infatti molte testimonianze archeologiche, come mosaici, vasi di ceramica, iscrizioni su marmo e pietra. Dalle sinagoghe samaritane (Monte Garizim, Nablus, Khirbet Samara, el-Khirbe, Kfar Fahma) provengono alcuni frammenti di mosaici con iscrizioni.

Altre iscrizioni e oggetti liturgici provengono da alcuni monasteri bizantini del Deserto di Giuda. Tra questi, cancelli dell'altare e balaustre del monastero di Martirio e di S. Eutimio.

Il luogo santo cristiano, testimoniato a partire dalla costruzione della chiesa nel VI secolo è diventato oggi un moderno e funzionale spazio di lettura, preghiera, riflessione e spiegazione del sito. L'arredo liturgico approntato nell'area della chiesetta bizantina è un buon esempio di recupero ambientale da seguire come modello.

La memoria corre alle descrizioni fatte dai pellegrini del tardo Medioevo, che notano l'abbandono e la precarietà del sito. Niccolò da Poggibonsi, che fece il suo viaggio nel 1347, nel *Libro d'Oltramare*, p. 82 scrive: «Discendendo (da Betania) truovi uno albergo a mo' saracinesco, dal lato si è una bella fontana. E andando più giù, per ispazio di quattro miglia, si truovi una salita e in capo della salita si è una casa che ci stanno i saraceni e sono molto malvagi. E ivi si chiama in lingua nostra Torre Rossa, e si chiama per lo sangue che si faceva, ché vi s'uccidevano e facevano omicidi e però rossa si chiama».

Il domenicano Felix Fabri nel suo diario del 1480 ricorda che la casa dove fu alloggiato «era vuota, pericolosa, piena di immondizia e di vermi». Tuttavia segnala che era costruita a due piani, con le persone alloggiate al piano superiore, e gli animali al piano terra.

La possibilità di sostare a Khan al-Hatrur ("il recinto dei grappoli di uva") per fare memoria della parabola di Luca 10,30-37 è oggi aperta nuovamente ai gruppi dei pellegrini che transitano sulla «strada che scende da Gerusalemme a Gerico».

Dove Gesù vinse la morte
(da *Terrasanta* Nuova Serie V/2 [2010], 24-29)

L'archeologia del Santo Sepolcro di Gerusalemme

L'esposizione solenne della Sindone di Torino prevista per l'aprile del 2010 ci invita a studiare ancora una volta la tomba di Gesù. Questa tomba oggi si trova al centro della città di Gerusalemme, ed è la mèta di un incessante pellegrinaggio che dura da quasi 2000 anni. Si può ancora sostenere che la tomba venerata a Gerusalemme è la tomba dove fu deposto il Signore dopo la sua morte in croce? E come si ricostruisce la storia di questo edificio che ha subìto nel corso dei secoli molti interventi strutturali?

Le risposte a queste domande sono insieme semplici e complicate. Sono semplici nel solco della fede, perché nessun cristiano ha mai messo in dubbio che il luogo della morte di Gesù e la tomba dove fu sepolto sono conservati dentro il complesso crociato di Gerusalemme. Sono complicate quando vogliamo raggiungere la corrispondenza perfetta tra i dati dei Vangeli e i resti monumentali a disposizione. Semplicemente perché la forma primitiva del sepolcro è stata cancellata dalle costruzioni sacre iniziate già nel II secolo d.C. e proseguite nel IV, nel XII, e nel XIX secolo.

S. Cirillo Vescovo di Gerusalemme, che al tempo delle costruzioni costantiniane aveva circa 10 anni, ricorda l'intervento sulla tomba originaria e dice che «la tomba di una volta non esiste più, perché il vestibolo e il riparo roccioso sono stati cancellati per far posto alla costruzione dell'Anastasi» (cfr. *Catechesi* 14). A prima vista, una simile affermazione sembrerebbe scoraggiante, ma non lo è più dopo che avremo ripercorso la storia del monumento-memoriale.

Gli interventi che hanno modificato l'assetto originario della tomba di Gesù sono quelli di Elio Adriano (135 d.C.), che aveva fatto costruire il tempio di Venere sul luogo del Calvario e aveva fatto nascondere la tomba con un terrapieno. Così almeno sostengono Eusebio di Cesarea e S. Gerolamo. Poi è venuto l'intervento più radicale voluto da S. Elena, la madre di Costantino (325-326 d.C.) che ha voluto edificare "la Croce" sul Calvario e l'Anastasi sulla tomba. E infine l'intervento dei crociati (1141-1149) che hanno ricostruito la basilica e l'edicola sulla tomba venerata.

Le prime testimonianze

I Vangeli ci offrono alcune testimonianze fondamentali e credibili. Dopo la deposizione dalla croce, il cadavere di Gesù fu avvolto in un lenzuolo e deposto in una tomba tagliata nella roccia (Mc 15,46; Lc 23,53). Il testo più vicino alla Sindone di Torino è Lc 23,53 perché menziona proprio una *sindone*, a differenza di Mc 16,46 e Mt 27,59 che parlano di un lenzuolo; di Gv 19,40 che parla di bende; e di Gv 20,5-7 che parla di bende e di un sudario.

Quella tomba secondo la testimonianza concorde dei quattro Evangelisti era stata preparata da Giuseppe di Arimatea, membro del sinedrio e persona autorevole visto che aveva ottenuto il permesso della sepoltura di Gesù dall'autorità romana, il procuratore Ponzio Pilato (Mc 15,42-43; Mt 27,58; Lc 23,50-52; Gv 19,38). Insieme a Nicodemo, che aveva portato una mistura di mirra e di aloè, Giuseppe di Arimatea ha dato la pietosa sepoltura al corpo del Signore «com'è usanza seppellire per i giudei» (Gv 19,40). L'espressione di Giovanni apre l'orizzonte sui costumi giudei della sepoltura.

Come erano le tombe in Palestina al tempo del Nuovo Testamento? E come si effettuava la preparazione per la sepoltura dei defunti? Dopo decenni di scoperte archeologiche sappiamo molto bene come erano preparati i sepolcri familiari, e come veniva acconciato il cadavere. Gli usi dei giudei prevedevano la cura dei defunti espletata in forme molteplici: l'unzione con oli aromatici; l'avvolgimento del cadavere in bende o lenzuola; in pochi casi è segnalata l'inserzione di una monetina nella bocca o nell'occhio del defunto; l'accompagnamento con oggetti di uso domestico tra cui lampade ad olio, giare, ciotole; la deposizione rara di gioielli.

I costumi ebraici prevedevano la preparazione di tombe a uso familiare, normalmente ricavate da grotte situate fuori del perimetro urbano, e adattate per il culto dei defunti. Le famiglie più povere si accontentavano della semplice sepoltura nella terra. Queste tombe potevano essere segnalate da una semplice stele di pietra. Un esempio simile è dato dai cimiteri di Qumran, di Gerico e dal cimitero di Mamilla a Gerusalemme.

Ma i dettagli sui quali concordano gli Evangelisti ci portano a guardare ad un'altra tipologia per la sepoltura di Gesù. Si tratta di tombe molto elaborate che costellano tutto il perimetro urbano della città di Gerusalemme. Si vedano ad esempio le tombe sulle pendici del Monte Oliveto, i monumenti ellenistici di Assalonne e di Zaccaria, le necropoli nella Geenna, le tombe di Talpiot (cfr. la tomba di Kaiafa), la tomba di Giasone, il cimitero di Mamilla, le tombe del Monte Scopus, di Givat Hamivtar (cfr. l'ossuario di Yohanan il crocifisso), e il cimitero di Sanhedrin.

Ma anche in siti lontani da Gerusalemme sono state trovate molte sepolture simili a quelle cui rimandano le descrizioni degli Evangelisti. Basta ricordare le tombe di Maresha in uso dal III secolo a.C. al I secolo a.C.; la necropoli di Bet Guvrin in uso dal II al VI secolo d.C.; la necropoli di Gerico in uso dal II secolo a.C. fino al I secolo d.C.; e la necropoli di Beth Shearim che conta 27 grotte in uso dal II al IV secolo d.C.

Queste tombe presentano una tipologia pressoché unanime. In genere veniva scavata nella roccia una camera sepolcrale, dotata di ingresso e di vestibolo. Le più elaborate avevano all'esterno un cortile di accesso, un *miqveh* (o bagno rituale) e una facciata decorata con colonne: vedi il sepolcro di Elena di Adiabene; la tomba di Nicanore; alcune tombe di Sanhedrin; la tomba dei Bené Hazir nella Valle del Cedron; la tomba di Giasone; le tombe di Beth Shearim, e altri esempi ancora.

Dai dettagli dei Vangeli si deduce che l'ingresso alla grotta sepolcrale era chiuso da una pietra: cfr. Mc 16,3-4; Mt 27,60 e 28,2; Gv 20,2. La pietra poteva avere la forma di una macina da mulino che rotolava nel canaletto apposito. Per il modello delle pietre rotolanti si possono ricordare l'ingresso secondario alla tomba dei Musici a Maresha; la tomba di Bethfage; la tomba degli erodii davanti alla Porta di Giaffa; le tombe nn. 2-3 dell'Aceldama; la tomba di Elena di Adiabene. Per il modello di porta girevole, che in qualche caso era scolpita nella facciata, cfr. le tombe dell'Aceldama; le tombe di Beth Shearim, alcune tombe di Sanhedrin e quella dei Naziriti sul Monte Scopus.

All'interno si trova un vestibolo che in qualche caso è dotato di bancate per accomodare la gente che celebra il funerale, oppure espleta i riti del lutto negli anniversari. Il più elaborato di tali vestiboli è il complesso della tomba di Goliath nel cimitero di Gerico.

Dal vestibolo partono le camere sepolcrali con i loculi per le sepolture. I più numerosi sono i *kochim* o forni entro i quali venivano deposte le salme. Il loculo a forno è un foro scavato in senso perpendicolare al lato della camera sepolcrale, e in esso veniva deposto il defunto per la prima sepoltura. Dopo la deposizione del cadavere il loculo veniva sigillato.

Una seconda forma è quella detta ad arcosolio, perché presenta il piano di sepoltura, dotata in genere di un pozzetto appena accennato pronto per la deposizione del cadavere, e sopra un arco scavato nella parete rocciosa. L'arcosolio è una forma di loculo ritenuta più dispendiosa delle altre, perché poteva offrire soltanto tre arcosolii in ciascuna camera, mentre le sepolture a forno potevano essere aumentate nelle pareti fino all'esaurimento dello spazio.

Da alcuni dati evangelici si ritiene giustamente che la sepoltura di Gesù venne effettuata in un loculo ad arcosolio. Giuseppe di Arimatea era facoltoso, e possedeva il giardino con una grotta scavata per la sua sepoltura. Non sorprende quindi che avesse preparato per sé una sepoltura elaborata. Il testo di Mc 16,5, che la critica esegetica ritiene il più antico delle tradizioni evangeliche, parla di «un angelo seduto sulla destra». In Gv 20,12 si parla della presenza di due angeli, uno ai piedi e uno alla testa del luogo dove era stato deposto il corpo del Signore. Da questi dettagli, si ricava che la forma della tomba di Gesù era ad arcosolio e che questo era messo sulla destra rispetto all'entrata dal vestibolo.

Le prime forme di venerazione

Il luogo della sepoltura di Gesù divenne subito mèta di pellegrinaggio e di visite devote: cfr. le narrazioni della mattina di Pasqua (Mt 28,1-15; Mc 16,1-8; Lc 24,1-12; Gv 20,1-29).

Per il periodo che va dal 30 d.C., anno presunto della morte di Gesù, fino alla costruzione degli edifici pagani di Elio Adriano non abbiamo testimonianze precise. La comunità cristiana di Gerusalemme, rimasta in città fino all'assedio delle legioni romane nel 70 d.C. era presumibilmente la custode della memoria sacra.

La città fu distrutta completamente dai soldati romani di Tito Flavio nel 70 d.C. Fu poi distrutta e ricostruita da E. Adriano al termine della guerra contro Bar Kochba, nel 135 d.C. Le tradizioni relative a questo periodo sono state elaborate soprattutto nella letteratura apocrifa, un campo di ricerca e di valutazioni storiche che non deve essere sottovalutato.

Una fonte molto importante del II secolo d.C. è la poesia di Melitone di Sardi, *Omelia sulla Pasqua*, che informa sulla posizione del luogo dove Gesù è morto. Al tempo della visita che ha fatto a Gerusalemme nell'anno 160 d.C., Melitone trovava che Gesù «è morto in mezzo alla città», dicendo il vero: infatti nella costruzione di Aelia Capitolina l'imperatore E. Adriano aveva spostato più a nord il baricentro della città di Gerusalemme. Di conseguenza l'area della crocifissione e della sepoltura, che al momento della morte di Gesù si trovava «fuori della città», venne a segnare il centro della nuova città romana. L'aspetto più importante nella testimonianza di Melitone sta nel fatto che, ai suoi giorni, il luogo della morte di Gesù era conosciuto e venerato dai cristiani.

Una seconda testimonianza risalente alla fine del II secolo d.C. viene da Eusebio di Cesarea, che descrive la posizione del Golgota prima dell'intervento di Costantino. Nell'*Onomastico dei luoghi biblici* parla espressamente del Golgota: «Il Golgota si mostra in Aelia, a nord del Monte Sion» (cioè del Cenacolo). La doppia affermazione, di Melitone e di Eusebio, riguardo al Golgota, è di estrema importanza, perché la tomba di Gesù è indicata dalle prime fonti vicina al luogo della crocifissione.

Le altre informazioni utili alla nostra discussione provengono da chi ha visto i cambiamenti introdotti nel luogo sacro al momento della costruzione della prima basilica cristiana. La testimonianza di Eusebio di Cesarea sui lavori eseguiti per la costruzione della basilica del Santo Sepolcro (325-326 d.C.) risulta credibile dopo gli studi e le ricerche archeologiche relative al sito del Sepolcro. L'ordine imperiale di Costantino I era di abbattere il tempio pagano, e di costruire al suo posto una chiesa cristiana a ricordo della Croce e della Tomba.

Eusebio nella *Vita di Costantino* e Cirillo di Gerusalemme nelle *Catechesi* dicono in sintonia che, tolte le strutture pagane, con sorpresa comparve la grotta sepolcrale («un antro»), quasi fosse inaspettata. La grotta aveva davanti un cortile scavato nella facciata della roccia che fu demolito subito per far posto all'Anastasi. La pietra di chiusura era ancora al suo posto, mentre intorno alla tomba vi erano ancora le tracce del giardino primitivo. Dentro la grotta vi era un letto di roccia dove era stato sepolto il Signore.

La tomba fu isolata mediante lo sbancamento di molta roccia e fu ricoperta di marmi. Si suppone, visto che fuori dal perimetro dell'Anastasi, verso ovest, sono rimaste le tracce di altri loculi per sepolture (cfr. la cosiddetta tomba di Giuseppe di Arimatea), che la grotta era multipla, e che la tomba santa fu isolata dalle altre.

Gli edifici monumentali costruiti sul luogo della tomba di Gesù

Sopra la tomba fu costruita un'edicola, con il portico a quattro colonne, e la cameretta più interna fu destinata alla venerazione dei fedeli. «Questo dunque il primo monumento che, quale culmine dell'intera opera, la magnificenza dell'imperatore abbellì di eccellenti colonne e di moltissimi ornamenti, rendendo così splendente con fregi d'ogni genere, la veneranda grotta» (Eusebio, *Vita* 34).

Di questa edicola si hanno alcune descrizioni fatte dai pellegrini e la riproduzione iconografica nei mosaici, su alcune ampolle (chiamate *euloghie*), piatti e medaglioni. L'edicola costantiniana si può ricostruire in questo modo: davanti aveva un portico a quattro colonne, il frontone e il tetto spiovente. Dietro vi era la camera funeraria liberata dalla roccia all'esterno, ridotta a forma circolare o poligonale.

Nel diario dell'Anonimo di Bordeaux leggiamo: «Da lì, quasi a un tiro di pietra, si trova la grotta dove fu deposto il suo corpo, e da dove risorse il terzo giorno. Là ora per ordine dell'imperatore Costantino è costruita una basilica, cioè la Chiesa del Signore, che è di meravigliosa bellezza».

L'Anastasi costantiniana fu bruciata al tempo della invasione dei Parti (614 d.C.), ma non sembra che in quella occasione sia stata violata l'edicola sulla tomba. Però l'edicola e la roccia della tomba furono brutalmente rovinate con mazze di ferro per opera del califfo fatimida al-Hakim (1009 d.C.) che ha usato anche il fuoco per spaccare la roccia, ma il racconto dei testimoni oculari dice che questa «resisteva come un diamante».

L'edicola costantiniana fu poi cambiata in occasione della ricostruzione operata nel XII secolo dai crociati. L'artista che ebbe l'incarico di rimodellare l'edicola del Santo Sepolcro fu il bolognese Renghiera Renghieri. L'edicola crociata del Santo Sepolcro occupa ancora il centro della rotonda. L'abate Daniele (1106-1107), un pellegrino russo che fu tra i primi a vedere la costruzione dei crociati, parla ancora di una piccola grotta tagliata nella roccia, che aveva una porta molto bassa: per entrare bisognava inginocchiarsi. Sulla destra si trovava il banco della sepoltura nascosto dai marmi, con tre fori che permettevano ai fedeli di toccare la roccia con le mani.

La tomba venerata oggi si trova al centro della rotonda, o Anastasi. La rotonda è un elemento costantiniano: aveva 12 colonne, forse riusate dal *capitolium* precedente, disposte a gruppi di tre e intercalate da pilastri. Lo spazio circolare dell'Anastasi, delimitato dalle tre absidi ancora visibili, ha un raggio di m 10,5. Per ottenere tale spazio enorme fu sbancata la montagna del Ghareb e, nell'occasione, furono demolite alcune celle funerarie unite a quella che si voleva isolare.

La mensola di pietra sulla quale fu deposto il corpo di Gesù in parte non esiste più, perché la distruzione di al-Hakim raggiunse proprio il banco roccioso. L'archeologo francescano V. Corbo scrive: «Restò la roccia a livello pavimento della tomba e gran parte del banco funerario sotto l'arcosolio con spalle rocciose a est e a nord come ci è dato di conoscere dai restauri del 1555 (Bonifacio da Ragusa) e dopo l'incendio del 1808».

L'edicola attuale, rifatta nel 1810, misura m 8,30 (lunghezza), per m 5,90 (larghezza e altezza). Il vestibolo, chiamato la Cappella dell'Angelo, misura m 3,40x3,90, mentre la stanza mortuaria misura m 1,93x2,07. Chi oggi entra nell'edicola del Santo Sepolcro trova "sulla destra" della stanza mortuaria una lastra di marmo bianco lungo m 2,02 e largo m 0,93, che copre il bancone di roccia sopra il quale era stato deposto il Signore.

Ciò lascia supporre che nella ricostruzione dell'edicola, si è seguita l'indicazione di Mc 16,5: «Videro un giovane, seduto sulla destra, vestito di una veste bianca». L'interpretazione che si propone è dunque questa: l'angelo stava sul luogo della sepoltura ormai vuoto.

Galilea
(pagina di presentazione del calendario Massolini 2014)

La Galilea è una regione molto particolare della terra di Israele a motivo del clima, delle bellezze naturali e della sua storia millenaria. È segnata dal Mediterraneo a ovest, dal Lago di Tiberiade a est, dalle montagne libanesi a nord e dalla Valle di Esdrelon a sud. Il suo clima è ricco di varianti. Offre il freddo gelido sulla Montagna di Meron e il caldo torrido nella depressione del Lago di Tiberiade sotto il livello del mare. Secondo lo storico antico Giuseppe Flavio esistono due Galilee: la Bassa Galilea e l'Alta Galilea, là dove non cresce il sicomoro.

La Galilea è stata "adottata" dai cristiani perché là si è mostrata quella luce che il Profeta Isaia previde nel suo oracolo: «Il popolo che camminava nelle tenebre vide una grande luce; su coloro che abitavano in terra tenebrosa, una luce rifulse» (Is 9,1).

La Galilea nella storia. L'uomo della preistoria ha lasciato tracce abbondanti in tutta la regione. La prima presenza umana in Galilea risale al Paleolitico. Infatti ca. 900.000 anni fa venne creato l'insediamento di Ubeidiyah (kibbutz Afiqim) situato poco a sud del Lago di Tiberiade. Il primo *homo sapiens* fu trovato nelle grotte di Nazaret, di ez-Zuttiyah e del Nahal Amud.

La civiltà urbana inizia in Galilea con le città del Bronzo Antico tra cui Qadesh, Dan e Khirbet Kerak. Le relazioni internazionali della Galilea sono testimoniate dalle tavolette cuneiformi di Hazor, i cui re avevano contatti politici e commerciali con Mari. La storia biblica assegna alla Galilea un ruolo secondario rispetto alle altre regioni bibliche data la sua distanza da Gerusalemme. Ma le vicende che hanno segnato la Galilea in epoca biblica sono decisive per la storia della rivelazione.

La ricerca archeologica si è concentrata su siti significativi per ogni epoca: il Neolitico ceramico a Shaar Haggolan; il Bronzo Antico e Medio a Naharyah, Tel Dan e Hazor; il Bronzo Recente e il periodo del Ferro a Tel Dan, Hazor, Betsaida Iulia e tanti altri siti. La scoperta più interessante di epoca biblica è la stele aramaica di Tel Dan che prova i legami storici di Israele con gli aramei di Damasco nel IX secolo a.C. Il periodo ellenistico è presente in molti centri conosciuti dalle fonti scritte. Il periodo romano è forte a Banias, Tolemaide, Sefforis, Cafarnao, Tiberiade, Magdala, ecc. Il periodo bizantino è ben documentato in tutta la regione, indice di un benessere generalizzato. Chiese e sinagoghe sono ben costruite e decorate con mosaici di ottima fattura. Le iscrizioni dei mosaici sono una fonte sicura di informazioni, vedi Tiberiade, Sefforis, Bet Shearim. La presenza di decine di sinagoghe testimonia una convivenza tranquilla tra le comunità cristiane e quelle giudaiche di Galilea.

La storia antica della Galilea termina con il terremoto del 749 d.C. che ridusse al silenzio tutte le grandi città della Galilea, della Decapoli e della Valle del Giordano.

Luce per il Cristianesimo. La Galilea è stata la culla del cristianesimo. Secondo i Vangeli Gesù è originario di Nazaret, e nei villaggi della Galilea ha svolto il suo ministero pubblico. L'evangelista Luca ci narra il Mistero dell'Annunciazione a Maria di Nazaret. Matteo scrive che dopo la nascita a Betlemme, la Sacra Famiglia ha fatto ritorno a Nazaret, dove Gesù è cresciuto. Cafarnao, il villaggio sul Lago di Tiberiade, è stata la sua dimora fino al viaggio verso Gerusalemme. A Cana di Galilea l'acqua fu trasformata nel vino del regno messianico. Le città del Lago hanno ascoltato la Buona Novella, l'Evangelo annunciato da Gesù di Nazaret. E hanno visto i segni prodigiosi che accompagnavano la presenza di Gesù. Da Cafarnao provengono Pietro e Andrea, Giacomo e Giovanni, i pescatori primi discepoli di Gesù. E poi Matteo, il pubblicano Levi divenuto testimone del Vangelo. Da Betsaida di Galilea proviene Filippo. Da Cana di Galilea proviene Natanaele, detto anche Bartolomeo. In riva al Lago di Tiberiade si trovano i primi santuari cristiani menzionati dai pellegrini, la Moltiplicazione, il Primato e le Beatitudini.

Luce per il Giudaismo. Nel corso del I secolo d.C. la Galilea fu devastata dai soldati romani all'inizio della prima rivolta contro Roma (67-68 d.C.). Molti i centri della Galilea distrutti tra cui Giscala, Iotapata, Gamla, Magdala, il Monte Tabor. In Galilea, durante l'assedio di Iotapata maturò il destino di Giuseppe Flavio: Giuseppe ben Mattatia cambiò campo e divenne Giuseppe Flavio al seguito di Vespasiano. Lo storico ci lasciò memorie precise della rivolta e della repressione romana. Nel II secolo d.C. la Galilea divenne rifugio per molti giudei sfuggiti alla repressione contro la Giudea (132-135 d.C.). A Sefforis, la città pagana costruita da Erode Antipa, i rabbini compilarono la *Mishna*, terminata da Rabbi Iuda ha-Nassi verso il

200 d.C. Alcuni secoli dopo a Tiberiade, altra città pagana costruita da Erode Antipa, i rabbini completarono la *massora* e compilarono il *Talmud* nella versione detta tiberiense.

I secoli IV-VII d.C. vedono in Galilea la presenza di notevoli comunità giudaiche. Sono ormai decine gli edifici identificati, alcuni risalenti al I secolo a.C. (Magdala), altri al periodo compreso tra il II e il VII secolo d.C. cioè Giscala, Meron, Baraam, Khirbet Shema, Nabratein, Meroth, Corazin, Cafarnao, Tiberiade, Sefforis, Bet Shearim.

I crociati in Galilea. La Galilea ebbe un ruolo importante al tempo delle prime crociate. All'inizio le spedizioni militari europee trovavano i porti attrezzati per l'attracco delle navi, tra cui Tiro, Sidone e Acco. E in secondo luogo la Galilea segnava la conclusione del percorso via terra che dai Balcani attraverso la Turchia e la Siria conduceva mercanti, militari e pellegrini verso la Terra Santa. Alla fine dell'esperienza crociata la Galilea offrì il teatro naturale per le due sconfitte finali: ai Corni di Hattin, sito alle porte di Tiberiade, finì nell'estate del 1187 il Regno Latino di Gerusalemme. A San Giovanni d'Acri terminò la presenza militare crociata in Terra Santa nel 1291.

La parentesi crociata in Galilea è durata più a lungo che altrove. L'ultimo baluardo era rimasta la città portuale di San Giovanni d'Acri, difesa all'interno dall'imponente castello di Monfort. L'assalto finale del sultano mamelucco Qalaoun si concluse nel 1291 con la strage di tutti gli abitanti cristiani della città. Ma da qui ebbe anche inizio il ritorno dei francescani in Terra Santa nel 1620: i francescani fecero ritorno a San Giovanni d'Acri e iniziarono il recupero dei santuari di Nazaret e del Monte Tabor.

La caduta di San Giovanni d'Acri fu seguita da secoli di abbandono e di oblio. La Chiesa maronita del Libano si prese cura delle comunità cristiane dell'Alta Galilea, mantenendo viva la presenza cristiana. La Galilea fu riscoperta nel XVI secolo ad opera dei turchi. I principati di Tripoli del Libano e di Acco, quasi indipendenti dalla Sublime Porta, ebbero una funzione di propellente per la storia moderna della Galilea. Le tradizioni bibliche e post-bibliche della regione furono ritrovate e rivalutate dagli esploratori del XIX secolo che aprirono la porta alla conoscenza attuale della Galilea. Una terra ancora illuminata dalla luce del passato, dove ebrei e cristiani trovano i motivi fondanti della propria esistenza.

Saggi e materiali da opere incompiute

Questo capitolo comprende pagine estratte da opere di p. Kaswalder in preparazione, ma non terminate, che affrontano diverse tematiche: le escursioni bibliche dello SBF; i pellegrini; la Samaria; la Giudea-Negev. Da questi quattro settori riportiamo degli stralci per mostrare il tipo di ricerca in via di svolgimento.

Le escursioni bibliche dello SBF

Il file "Introduzione alle escursioni bibliche dello SBF" comprende, fra l'altro, la lista di tutte le escursioni bibliche (con i nomi di tutti i siti da visitare) previste per gli studenti ordinari dello Studium Biblicum Franciscanum. *Questa testimonianza è importante anche in considerazione del fatto che il programma delle escursioni verrà presto modificato. Il testo inizia con una Premessa:*

Da poco più di un secolo l'escursione biblica è diventata una necessità e un arricchimento notevole per chiunque voglia approfondire gli studi biblici. La spinta all'esplorazione e al recupero dell'ambiente geografico della Bibbia era nata nella prima metà del XIX secolo, ma ha portato a traguardi notevoli solo nel corso del XX secolo. Questi frutti, che sono insieme di geografia, topografia e storia biblica, costituiscono lo scopo delle escursioni bibliche che proponiamo agli studenti dello SBF.

Oggi la conoscenza dell'ambiente geografico delle terre bibliche è diventata una scienza ausiliare autonoma, molto sviluppata e ricca di proposte.

Essa comprende elementi di geografia e di storia biblica, di storia dell'ambiente e delle popolazioni che vi abitano e che formano il contesto fisico ove la Bibbia è nata e si è sviluppata.

Nell'ambito degli studi biblici si sente sempre più forte l'esigenza di porre alla base degli studi esegetici e teologici anche la conoscenza diretta dell'ambiente, quindi le regioni, le terre, le rovine, i tell, gli elementi di topografia e geografia (wadi, cisterne, ecc.).

La cura principale dei padri fondatori dello SBF fu proprio quella di integrare le lezioni di Teologia e di Esegesi, con la conoscenza delle terre bibliche. Perché questa è, in ultima istanza, la ragione delle escursioni: conoscere di persona, cioè vedere con i propri occhi le regioni e i siti biblici.

Programma delle escursioni

Agli studenti dello SBF viene proposta una serie di escursioni bibliche per conoscere i siti scavati, le regioni e le terre della Bibbia, secondo un programma che si è consolidato nel tempo. Con questo corso di Escursioni si affrontano elementi di storia, geografia e di archeologia biblica. Il programma obbligatorio, svolto nell'arco di due anni accademici, prevede anzitutto le visite alla città di Gerusalemme (Topografia di Gerusalemme) e ai santuari cristiani (Archeologia paleocristiana). Propone poi una serie di escursioni con visita dettagliata alle principali regioni e città della Bibbia.

La serie delle escursioni bibliche in definitiva permette la visita a tutte le regioni bibliche e alle principali città della terra di Israele.

Escursioni in Samaria, Giudea e Negev

Nella Giudea si visitano Ramat Rahel, Tomba di Rachele (Qubur Rahil), Betlemme, Campo dei Pastori (Siyar el-Ghanam), l'Herodion (Jebel Fureidis), San Teodosio (Mar Dosi), Wadi Khareitun, San Saba (Mar Saba), Teqoa, el-Khader, Artas (Hortus Conclusus), Vasche di Salomone, Khirbet al-Yahudi (Betar, Battir), Ayn Arrub, Fontana di Filippo (Ayn Dirwe), Bet Zur, Halul, Mamre (Haram Ramat el-Halil), Ebron (al-Halil, Tell er-Rumeida), Tombe dei Patriarchi (Haram el-Khalil), Valle di Eshkol, Carmel (el-Karmel), Maon (Khirbet Main), Eshtemoa (as-Samua).

Nella Shefelah: Bet Shemesh (Tell er-Rumeileh), Beit Jimal, Tell Yarmut, Timna (Tell Batash), Beit Jibrin (Eleuteropoli), Maresha (Tell Sandahanna), Lachish (Tell ed-Duweir).

Nella Filistea si trovano Gaza, Tell el-Farah, Tell Jemmeh, Ascalon (Tell el-Hudra), Ashdod (Tell Ishdud), Eqron (Tel Miqne), Yabneh, Giaffa, Tel Qasile.

Nella regione a ovest di Gerusalemme e nello Sharon si visitano Abu Gosh, Qiryat Yearim (Deir el-Ahzar), Latrun, Imwas (Emmaus, Nicopoli), Gezer (Tell Abu Susheh), Lod, Ramleh, Afeq (Antipatris, Ras el-Ayn), Arsuf (Apollonia), Cesarea Marittima, Dor (et-Tantura), Tel Mevorak, Atlit.

Nella regione di Gerico si visitano Maaleh Adummim (Wadi Talaat ed-Dam), Der es-Salib, Ayn Fawwar, Ayn el-Qelt, Deir Koziba (Mar Jirjis o Deir el-Qilt), Tell Aqaba (Kupros), Gerico erodiana (Tulul el-Alayq), Gerico antica (Tell es-Sultan), Sorgente di Eliseo (Ayn es-Sultan), Monte della Quarantena (Jebel Qarantal e Jebel Duk), Khirbet el-Mefjar, Naaran, Monastero del Prodromos e Luogo del Battesimo di Gesù (el-Maghtes).

Nella regione del Mar Morto (Yam ha-Melah, Bahr el-Lut) si vedono Khirbet Qumran, Ayn Feshka, Qasr er-Rubai, il Torrente Cedron (Wadi en-Nar), Wadi ed-Daraje, Wadi Murabbaat, Mispch Shalem, Nahal Dawid, Ayn Jidi, Eyn Gedi (Tell el-Jurn, Tel Goren), Nahal Hever, Nahal Mishmar, Masada (Kh. Sebbeh), Mezad Boqeq, Mezad Zohar, Arubbotayim, Jebel Usdum, es-Sabat, Zomet HaAravah.

Nel territorio di Beniamino si vedono Nebi Samwil, Gabaon (el-Jib), Khirbet el-Burj, Emmaus (el-Qubeibeh), Bet Horon, Modiin (Khirbet el-Midiyah), Jebel Mesharef (Har Ha-Zetim, Monte Scopus), Tell el-Ful (Gabaa di Saul), Bet Hanina, Khirbet el-Harubeh (Anatot), Rama (er-Ram), San Firmino (Ayn Fara).

In Efraim si visitano Ramallah, el-Bireh, Tell en-Nasbe (Mizpa), Betel (Beitin), et-Tell (Ai), Ofra (et-Taybeh), Jifna (Gofnah), Wadi Haramiyeh, Abud, Rentis, Lubban esh-Sharqiyeh (Lebona) e Shiloh (Tell Seilun).

Nella Samaria si vedono il Monte Garizim (Jebel et-Tur e Tell er-Ras), Sichem (Tell Balata), Bir Yaqub (Pozzo di Giacobbe o della Samaritana), Qabr Yussuf (Tomba di Giuseppe), Nablus (Neapolis), Samaria (Shomron, Sebastiyeh), Tell el-Farah (Tirza).

Nella Valle di Esdrelon si visitano Bet Alfa, Bet Shean (Tell el-Husn, Scitopoli), Tell Zirin (Jizreel), Ayn Jalud (Sorgente di Gedeone), Shunem (Shulam), il Monte Tabor, Naim (Nain), Bet Shearim (Sheikh Abreik), Tell Taanak, Megiddo (Tell el-Mutesellim), Wadi Ara, Tell Qaimun (Yoqneam), al-Muhraqa e Stella Maris sul Monte Carmelo.

Nel Negev si visitano Tel Halif, Tel Arad, Tell Malata, Tel Masos, Beer Sheba (Tell Bir es-Saba), Mampsis (Kurnub), Maaleh Tamar e Mezad Tamar, Maktesh Qatan, deserto di Zin, Wadi Azzeh (Nahal Besor), Khirbet Ruheibeh (Rehovot Ha-Negev), Elusha (Halutza), Nizzana (Khirbet Auja el-Hafir), Shivta (Isbeita), Avdat (Abdeh), Mizpe Ramon, Nahal Paran (Wadi el-Jirafi), Khirbet Aroer, Dimona, Yeruham.

Escursione in Galilea e sul Golan

Le visite in Galilea, in Giordania e nella penisola del Sinai durano più giorni in modo da effettuare la visita ai molti siti importanti. L'escursione in Galilea e sul Golan dura 5 o 6 giorni, e comporta la visita nei seguenti siti:

1. Nella Galilea centrale si visitano Nazaret, Cana di Galilea, Sefforis.

2. Nel territorio di Asher si toccano Haifa, Tell Keisan, Acco, Nahariya, Rosh ha-Niqra (Ras Naqura).

3. Sul Lago di Galilea sono previste le visite di Hamat-Tiberias, S. Pietro in Tiberiade, Ginnosar, et-Tabgha (chiesa della Moltiplicazione, chiesa del Primato), Monte delle Beatitudini, Corazin (Khirbet Kharaze), Cafarnao, Betsaida Julia (et-Tell).

4. Sulle Alture del Golan ci si reca a Hammat Gader, Hippos (Susita), Kursi, Kazrin, Monte Hermon, Birkat Ram, Qalaat Nimrud (Qalaat Subeibe), Tel Dan e Banias (Cesarea di Filippo).

5. Nell'Alta Galilea sono previste le visite di Hazor, Safed, Meiron, Kfar Baram, el-Jish (Giscala), Kadesh di Galilea.

Escursione in Giordania

L'escursione in Giordania dura alcuni giorni. Il programma prevede le visite dei seguenti siti:

1. Dal 1994 il passaggio della frontiera si può effettuare al ponte Sheikh Hussein (Ponte della Pace) e poi si visitano Gadara della Decapoli (Umm Qais), Pella (Tabqat Fahil), Tell el-Mazar, Tell es-Siydiyeh e Tell Deir Allah.

2. Il secondo giorno si entra nel Mishor di Moab con le visite di Heshbon (Tell Hesban), Nebo (Khirbet el-Mukhayyet), Sorgenti di Mosè (Ayoun Musa), Memoriale di Mosè sul Monte Nebo (Ras Siagha), Meqawer e Macheronte (Jebel-Mishnaqa).

3. Si continua l'esplorazione del Mishor moabita effettuando le visite di Madaba (chiesa di S. Giorgio, Parco Archeologico, Museo Archeologico, chiesa degli Apostoli, cattedrale). Seguono le visite di Umm er-Rasas (Kastron Mefat, Mefaat); sul wadi Mujib si vedono al-Lahun e Aroer (Khirbet Arair), e infine Dibon (Tell Dhiban).

4. La visita nel nord della Giordania comprende Gerasa della Decapoli (Jerash), Ajlun (Qalaat el-Rabad), Irbid, Rihab, Khirbet es-Samra, Umm el-Jimal, Quweilbeh (Abila della Decapoli).

5. Il viaggio verso il sud della Giordania si fa di solito lungo il Mar Morto, passando per Tell er-Rame (Livias), Sapsafas (wadi Kharrar), Teleilat el-

Ghassul, Calliroe (Hammam ez-Zarah), la gola del wadi Mujib (Arnon), la città e il cimitero di Bab edh-Dhra, salita a Deir Ayn Abata (San Lot), al-Kerak e Shobak lungo la Via Regia.

6. A Petra si visitano i monumenti nabatei più importanti, cioè el-Kazneh (il tesoro), il teatro, la necropoli reale, i due templi, il Qasr el-Bint, e al-Deir.

7. Nella capitale Amman si visitano il foro romano, la Cittadella (al-Qalaa, il Museo Archeologico, il Deir al-Imara omayyade). Nei dintorni di Amman si toccano Iraq el-Amir (Birta, Tyros) ed es-Salt (Iazer?).

Escursione al Sinai

L'escursione al Monte Sinai dura 4 o 5 giorni e prevede:

1. Viaggio lungo la Valle dell'Arabah e visita di Eyn Hatzeva, Wadi Paran, Yotavata, Kuntillet Ajrud (Teiman), Har Karkom, minicrc di Timna; passaggio del Mar Rosso a Eilat (Ezion-Geber).

2. Trasferimento verso S. Caterina del Sinai con visita di Taba, Jezirat Faraoun, Nuweiba, Ayn Hudra (Hazerot), Wadi Ghazal.

3. Nella notte si effettua la salita a Jebel Musa, il Monte Sinai della tradizione cristiana. Sosta al Pianoro di Elia. Visita del Monastero di S. Caterina, della Basilica del Roveto e della biblioteca del monastero.

4. Passaggio per il Deserto di Sin con visita al Monastero di Mosè nel Wadi Feiran e a Refidim (Jebel Tahoune e Jebel Refayed). Salita alle miniere di Serabit el-Khadem e visita al tempio egiziano di Hator con le iscrizioni proto-sinaitiche.

5. Sulla costa occidentale del Mar Rosso, visita a et-Tor (Rhaitu), alle Sorgenti di Mosè (Ayoun Musa), a Elim nel Wadi Gharandal e a Suez. Lungo il Canale di Suez sosta ai passaggi del Canale di Ismailiyah (Lago Timsah) e di el-Qantara (Sileh).

Altre escursioni

A seconda dei tempi e delle opportunità lo SBF offre anche la possibilità di visitare l'Egitto e la Turchia sotto la guida dei professori dello Studio. Anche questi due paesi infatti fanno parte a pieno titolo del mondo che ha visto nascere e crescere la Bibbia. Sono stati la culla di civiltà e hanno avuto molti influssi e connessioni con il mondo biblico, come l'Egitto dei faraoni e l'impero hittita.

Da molti anni, a causa della situazione politica sempre incerta, non è possibile visitare il Libano e la Siria, altri due paesi che hanno molto da offrire ai cultori della Bibbia.

Ebla, Ugarit, Palmira, Dura Europos, l'Eufrate, Biblos, Tiro sono mete che al momento difficilmente si possono raggiungere da Gerusalemme per ragioni politiche contingenti. Ma le cose non sono mai destinate a durare in eterno, e anche la situazione attuale è suscettibile di cambiamenti.

Per una panoramica sulla storia delle escursioni bibliche e sui programmi dettagliati dello SBF si veda P. Kaswalder, "Le escursioni dello SBF", in M. Adinolfi-P. Kaswalder (a cura di), *Entrarono a Cafarnao. Lettura interdisciplinare di Mc 1*, Jerusalem 1997, 275-295.

I pellegrini in Terra Santa

Un file tratta dei pellegrini in Terra Santa, in particolare delle fonti del pellegrinaggio cristiano. Qui viene presentata una lista esaustiva di personaggi con le loro testimonianze riguardo al pellegrinaggio compiuto. Il lavoro, dal titolo "L'epoca dei pellegrini cristiani", viene introdotto dall'autore con queste parole:

A partire dal IV secolo d.C., quando il cristianesimo divenne la religione ufficiale dell'impero romano, sono intervenuti cambiamenti politici e sociali decisivi per la regione siro-palestinese. In seguito alla nuova situazione più favorevole alla religione cristiana, iniziava il flusso dei pellegrini che desideravano visitare le terre bibliche.

I primi pellegrini, dei quali ricordiamo solo i più rappresentativi che hanno lasciato una memoria del loro viaggio sotto la forma letteraria dell'*Itinerario*, rivestono un'importanza particolare per la conoscenza del mondo biblico perché furono testimoni dei cambiamenti avvenuti in quel momento storico.

Riportiamo, come esempio della metodologia usata, la pagina dedicata alla testimonianza del pellegrino Arculfo, che visitò la Terra Santa nel 670:

Arculfo era un vescovo della Gallia, venuto in Palestina a compiere il pellegrinaggio verso l'anno 670. Il viaggio di Arculfo viene oggi datato agli anni 681-684, mentre la redazione del diario fu fatta dal monaco Adamnano qualche decennio dopo.

Durante il tragitto Arculfo ha redatto alcune note descrittive e preparato disegni di alcune chiese (il Pozzo di Giacobbe, la Rotonda del S. Sepolcro, il

Cenacolo, l'Ascensione, ecc.). Al termine del viaggio di ritorno fece naufragio sulle coste dell'Inghilterra occidentale e fu accolto da Adamnano, abate dell'isola di Iona, al quale raccontò il suo viaggio[1]. Il diario di Arculfo porta il titolo di *Adamnani de locis sanctis libri tres*[2].

I siti visti e descritti da Arculfo sono in realtà pochi, ma è importante il periodo storico in cui effettuò il suo viaggio, nei primi decenni dell'era omayyade (670). Il suo contributo rimane insostituibile perché fu il primo testimone della situazione venutasi a creare in Palestina dopo le numerose distruzioni operate dai Persiani (614) e dopo la conquista islamica (636-638).

La prima parte del diario di Arculfo è dedicata esclusivamente a Gerusalemme (*De locis sanctis* I, cc. 1-11) e ai santuari vicini alla città:

VALLE DI GIOSAFAT (*De locis sanctis* I, cc. 12-17).

MONTE SION cristiano (*De locis sanctis* I, cc.18-20).

MONTE OLIVETO (*De locis sanctis* I, cc. 21-22. 25).

BETANIA (*De locis sanctis* I, c. 23)[3].

Bethlem. Nel libro secondo presenta BETLEMME e i suoi numerosi santuari (*De locis sanctis* II, cc. 1-6)[4]. Vede il luogo della Natività, dentro una spelonca, il cui fondo è chiamato Presepio del Signore (*De locis sanctis* II, c. 2). Tutto il luogo è decorato con marmi preziosi e, sopra la grotta, vi è la basilica di Maria, molto grande (*grandi structura fabricata fundata est*). Ricorda poi la fonte dove fu lavato il Bambino Gesù, appena fuori del muro, alimentata dall'acqua che sgorga dalla roccia (*De locis sanctis* II, c. 3).

Passa poi a descrivere il SEPOLCRO DEL RE DAVIDE (c. 4), che è inserito in una chiesa che si trova fuori del recinto urbano, su di un colle a nord di

---

[1] Le informazioni sulle vicende di Arculfo sono state tramandate da Beda il Venerabile nella *Historia Ecclesiastica Gentis Anglorum*; cfr. la prefazione di L. Bieler all'edizione critica di Adamnano: L. Bieler, "Adamnani de locis sanctis libri tres", in P. Geyer (Ed.), *Itinera et alia geographica*, (CCSL 175), Turnhout 1965, 177.

[2] L. Bieler, *cit.*, 175-234.

[3] L. Bieler, *cit.*, 185-203.

[4] L. Bieler, *cit.*, 204-225.

Betlemme. Il monumento di Davide è ornato da una piramide e illuminato da una lampada perenne.

Il SEPOLCRO DI SAN GEROLAMO, spoglio di ogni ornamento, si trova dentro un'altra chiesa ancora, posta nella valle a sud di Betlemme (*De locis sanctis* II, c. 5).

CAMPO DEI PASTORI. Nei pressi della TORRE DI GADER (*monumenta iuxta turrem Gader humatorum*), che significa "la torre del gregge", ha visitato la chiesa dei tre Pastori (*De locis sanctis* II, c. 6). Si trova circa 1000 passi a est della città. Una chiesa contiene i sepolcri dei tre pastori che la notte di Natale hanno ricevuto l'Annuncio degli Angeli.

De sepulchro Rahel, la TOMBA DI RACHELE (*De locis sanctis* II, c. 7). A 6 miglia da Aelia, in direzione sud, sul lato destro della *via regia* che conduce a Hebron, si trova la Tomba di Rachele. Si vede una piramide disadorna (*vili operatione collocatum et nullam habens adornationem*). Sopra si legge la dedica che il marito Giacobbe ha fatto scrivere.

Chebron, HEBRON (*De locis sanctis* II, cc. 8 e 10). La città, priva di mura, era parzialmente distrutta, ma alcuni luoghi santi erano preservati ancora bene. Le tombe dei Patriarchi sono circondate da un misero muro quadrato (*locus sepulchrorum quadrato humili circumvenitur muro*).

De monte et quercu Mambre, la QUERCIA DI MAMRE (*De locis sanctis* II, cc. 9 e 11). A 1000 passi verso nord dalle TOMBE DEI PATRIARCHI, si trova Mamre e la sua chiesa costruita con grandi blocchi (*lapidea magna fundata est ecclesia*).

De Hierico, GERICO (*De locis sanctis* II, c. 13). Vede in piedi solo la casa di Rahab, mentre tutta la città era andata in rovina.

De Galgalis, GALGALA e le Dodici Pietre (*De locis sanctis* II, cc. 14-15). Visita la grande chiesa sul Giordano, a 5 miglia da Gerico.

Il luogo del BATTESIMO DI GESÙ (*De locis sanctis* II, c. 16). Descrive un ponte in pietra, ma una barca gli permette di oltrepassare il fiume Giordano (*transnatavit flumen*). Una grande croce lignea segna il luogo del Battesimo sulla sponda est del fiume. Una piccola chiesetta segna il luogo dove il Signore ha deposto le sue vesti. Vede un grande monastero protetto da un muro in pietre squadrate.

Il Giordano (*De locis sanctis* II, c. 17).

Il Mar Morto (*De locis sanctis* II, c. 18). È lungo 85 stadi fino alla città di Zoaros d'Arabia, e 150 stadi fino a Sodoma.

Le sorgenti del Giordano (*De locis sanctis* II, c. 19). Le due sorgenti del Giordano, delle quali una si chiama Ior e l'altra Dan, si trovano ai piedi del monte del Libano, nella provincia della Fenicia. Il nome Ior, abbreviazione di Giordano in lingua latina, si trova già in Gerolamo, *Onomastico* 77,12-13. Una terza sorgente si trova a Fiale in Traconitide[5], ma poi il fiume diventa uno solo e dopo 70 stadi entra nel Lago di Tiberiade vicino alla città di Julias.

Mare di Galilea (*De locis sanctis* II, c. 20). Detto anche Mare Cinereth o di Tiberiade.

De puteo Samariae, il Pozzo di Samaria (*De locis sanctis* II, c. 21). Arculfo giunse a Sichem, detto in greco e in latino *Sicima*, oppure *Sichar*. Fuori delle mura vide una chiesa quadrata, orientata verso i 4 punti cardinali, a forma di croce greca. Al centro della chiesa si mostra il pozzo di Giacobbe dove, verso mezzogiorno, la donna samaritana parlò al Salvatore. Il pozzo è profondo 40 cubiti. A *Sicima* è stato sepolto Giuseppe.

La sorgente di Giovanni nel Deserto e il luogo delle locuste e del miele selvatico (*De locis sanctis* II, cc. 22-23).

Moltiplicazione dei Pani (*De locis sanctis* II, c. 24). In un luogo piano ed erboso, a nord di Tiberiade, visitò il luogo della Moltiplicazione dei Pani. Trovò alcune colonne, ma nessun edificio (*in quo nulla cernuntur edificia; quasdam solummodo columnas paucas*).

De Cafarnaum, Cafarnao (*De locis sanctis* II, c. 25). Per scendere da Gerusalemme a Cafarnao si passa per Tiberiade e si costeggia il Lago di Ga-

---

[5] Identificato con Birkat Ram.

lilea. Arculfo osservò Cafarnao, un villaggio privo di mura difensive, da un monte vicino (*eam de monte vicino prospexit*).

NAZARET e le sue chiese (*De locis sanctis* II, c. 26). Nazaret è una città posta su un monte, priva di mura difensive come Cafarnao. Tra i molti edifici costruiti con grandi pietre, Arculfo segnala due grandissime chiese (*pergrandes habentur constructae ecclesiae*).

BASILICA DELLA NUTRIZIONE. In una, posta al centro del villaggio, fu nutrito il nostro Salvatore. Questa chiesa è costruita su degli archi e sotto nasconde una sorgente di acqua (*fontem lucidissimum*).

BASILICA DELL'ANNUNCIAZIONE. La seconda chiesa fu costruita sulla casa dentro la quale l'Arcangelo Gabriele fece visita alla Beata Maria (*in eo fabricata habetur loco ubi illa fuerat domus constructa in qua Gabriel archangelus ad beatam Mariam ingressus*).

De Monte Thabor, MONTE TABOR (*De locis sanctis* II, c. 27). Il Tabor dista 3 miglia dal Lago di Galilea (*a lacu Cinereth*), è di forma tutta rotonda, è coperto di boschi, si allunga per 22 stadi e si eleva per 30 stadi. Sulla cima del monte nota un monastero e tre chiese (*non parvi edificii ternae sunt fundate celebres ecclesiae iuxta illorum tabernaculorum numerum*). E poi ricorda tante cellette di monaci, il tutto circondato da un muro di protezione.

DAMASCO (*De locis sanctis* II, c. 28).

TIRO (*De locis sanctis* II, c. 29).

ALESSANDRIA e il NILO (*De locis sanctis* II, c. 30).

Nel terzo libro parla di COSTANTINOPOLI e dei santuari di quella regione[6].

(...)

[6] L. Bieler, *cit.*, 226-234.

L'ultimo capitoletto del file dedicato ai pellegrini tratta delle guide di Terra Santa. Vengono qui menzionate alcune guide che prestano attenzione alla storia, alla geografia e all'archeologia della Terra Santa. Alcune di esse, pur essendo datate, sono dei veri e preziosi reperti:

Nel corso delle escursioni si fa grande uso delle guide di Israele, di Terra Santa, della Giordania e del Sinai. Si tratta di sussidi preziosi perché contengono molte informazioni utili alla conoscenza dei singoli siti, e perché in genere gli autori seguono l'aggiornamento delle ricerche storico-archeologiche:
- B. Meistermann-T. Bellorini, *Guida di Terra Santa*, Firenze 1925.
- D. Baldi, *Guida di Terra Santa*, Jerusalem 1954. La *Guida di Terra Santa* di D. Baldi è stata rivista da B. Bagatti (1961) e V. Corbo (1973). Recentemente è stata riedita dopo un adeguato aggiornamento: C. Baratto (a cura di), *Guida di Terra Santa*, Gerusalemme-Milano 1999.

Molte altre guide a carattere turistico o archeologico sono presenti sul mercato, in tutte le lingue moderne. Segnaliamo solo le più informate:
- *Handbook for Travellers in Syria and Palestine. Including an Account of the Geography, History, Antiquities and Inhabitants of these Countries, the Peninsula of Sinai, Edom and the Syrian Desert with Detailed Descriptions of Jerusalem, Petra, Damascus and Palmyra. Part I: Sinai, Edom, Jerusalem and Southern Palestine*, London 1868.
- M. Bodrick (Ed.), *A Handbook for Travellers in Syria and Palestine. Including a Short Account of the Geography, History and Religious and Political Divisions of these Countries, together with Detailed Descriptions of Jerusalem, Damascus, Palmyra, Baalbek and the Interesting Ruined Cities of Moab, Gilead and Bashan*, London 1903.
- Z. Vilnay, *Israel Guide*, Jerusalem 1955 (ripubblicata nel 2000).
- E.-J. Finbert, *Israël*, (Les guides bleus), Paris 1961.
- A. Levi, *Bazak Guide to Israel*, San Francisco 1980.
- *Carta's Official Guide to Israel*, Jerusalem 1983.
- G. Ravasi, *La Terra promessa. Guida storica archeologica e biblica della Palestina*, Bologna 1987.
- J. Murphy-O'Connor, *The Holy Land. An Archaeological Guide from Earliest Times to 1700*, Oxford 1980.1986.1992.
- C. Saulnier-A. Caquot, *Jérusalem: Guide historique et culturel*, Paris 1988.
- *Book Guide to Israel*, Jerusalem 1989.

- K. Prag-J. Flower, *Blue Guide-Jerusalem*, London 1989.
- P. Acquistapace, *Guida biblica e turistica della Terra Santa*, Milano 1992.
- F. Díez Fernández, *Guía de Tierra Santa. Historia. Arqueología. Biblia*, Madrid 1993.
- J. Briand, *Guide de Terre Sainte*, Jerusalem 1996.
- Touring Club Italiano, *Israele*, Milano 1993.
- J. Murphy-O'Connor, *La Terra Santa. Guida storico-archeologica*, Bologna 1996.
- H. Fürst, *Im Land des Herrn. Ein Pilgerführer für das Heilige Land. Unter Mitarbeit von Werner Mertens und Raynald Wagner, Herausgegeben im Auftrag der Kommissariate des Heiligen Landes*, Werl 1999.

Guide di Giordania e Sinai che prestano attenzione alla storia e all'archeologia:
- B. Meistermann, *Du Nile au Jourdain par le Sinaï et Pétra*, Paris 1909.
- E. Hoade, *East of the Jordan*, Jerusalem, 1966 (ristampa 1976).
- Franciscan Fathers, *Guide to Jordan*, Jerusalem 1978.
- F.R. Scheck, *Jordanien. Völker und Kulturen zwischen Jordan und Rotem Meer*, Köln 1985.
- F. Dexinger - J.-M. Oesch - J. Sauer (Eds.), *Jordanien. Auf den Spuren alter Kulturen*, Innsbruck-Wien 1985.
- P. Bienkowski, *Treasures from an Ancient Land. The Arts of Jordan*, Liverpool 1991.
- D. Kinet, *Jordanien*, Stuttgart-Berlin-Köln 1992.
- S. Rollin-J. Streetly, *Jordan*, (Blue Guide), London-New York 1996.
- M. Teller, *Jordan*, (The Rough Guide), London 1998.
- P. Kaswalder-E. Bosetti, *Sulle orme di Mosè. Egitto, Sinai, Giordania. Nuova guida biblica e archeologica*, Bologna 2000.

Samaria

Il terzo file è dedicato alla Samaria. L'opera tratta in maniera dettagliata dei siti che vengono visitati in questa regione. Fra le questioni introduttive viene descritta brevemente la cultura natufiana, tipica della regione in epoca mesolitica:

Una delle più interessanti culture del Mesolitico (12.000-10.000 a.C.) in Palestina è la natufiana, così chiamata dal nome del primo sito preistorico, il wadi en-Natuf, dove D. Garrod ha trovato negli anni Venti tracce di questa cultura. Le più interessanti scoperte relative al natufiano, sono però state fatte in altri siti: Ayn Mallaa (Eynon, sul lago di Hule), Beidha (regione di Petra in Giordania) e grotta di Kebara (Monte Carmelo), Gerico, la grotta di Hayyonim (in Galilea occidentale), il wadi Hammeh, alcuni siti nel Sinai, alcune grotte nel deserto di Giuda; presenze sporadiche e minori si riscontrano in altri siti.

La cultura natufiana è presente in regioni molto differenti tra loro (costa mediterranea, deserto, lago), ma che hanno in comune la possibilità di avere acqua e cibo in abbondanza. Menzioniamo, per il momento, solo due siti natufiani: A) Wadi en-Natuf e B) Gerico.

A) Wadi en-Natuf, a occidente di Ramallah, verso la pianura di Sharon. Nelle grotte di wadi en-Natuf sono state trovate delle falci e dei mortai per macinare i cereali: cosa significa? Erano solo raccoglitori/cacciatori di cereali o erano già coltivatori? Sembra vera la prima ipotesi, che cioè avevano imparato a seguire il ciclo di maturazione dei cereali, e nella stagione adatta li tagliavano per cibarsi.

Oggi la cultura natufiana si conosce da molti siti di Siria, Palestina e Giordania. Questa cultura, datata ca. 12.500-10.000 a.C., è caratterizzata da una fiorente industria microlitica e da una forma primitiva di agglomerato urbano (una specie di villaggio).

Gli studi della cultura natufiana dimostrano che essa ha segnato la fase di passaggio dalla caccia verso una prima forma di sedentarizzazione parziale, resa possibile dalla raccolta dei cereali, ma ancora priva dell'addomesticamento degli ovini.

Le fonti basilari di sussistenza dell'epoca natufiana erano due: (primaria) la caccia agli animali di piccola taglia come capre, gazzelle, maiali, volpi, tartarughe; e (secondaria) la raccolta di cereali e frutti cresciuti spontaneamente (lenticchie, fichi, frumento, orzo).

Le tradizioni natufiane proseguono in alcuni siti fin dentro il Neolitico: Gerico (fase chiamata Proto-Neolitico-PPN A), el-Khiam (fasi 4-3), Eynan (fase 2).

B) Dell'VIII millennio a.C. a Gerico è stato trovato un deposito tra la terra vergine e le case del PPN A. L'uomo vive di agricoltura e passa dalla vita nomade a quella sedentaria (K. Kenyon e D. Kirkbride). Alcuni pavimenti privi dei rispettivi muretti, ma associati a tende e capanne; queste abitazioni diventano presto delle case circolari. Tra gli oggetti litici si trovano dei giavellotti, tranciatoi, raschiatoi e picconi. Non sono stati trovati mortai e pesti. Qui e altrove si usava anche l'ossidiana, o vetro vulcanico, per fare lame da coltello, punzoni, raschiatoi.

Bibliografia sul natufiano
- J. Perrot, "La préhistoire palestinienne", *DBS* 8 (1968), 362-423.
- M.W. Prausnitz, *From Hunter to Farmer and Trader. Studies in the Lithic Industries of Israel and Adjacent Countries. From the Mesolithic to the Calcolithic Age*, Jerusalem 1970.
- E. Anati (et alii), *Hazorea I*, Capo di Ponte 1973.
- F.R. Valla, *Le Natufien: Une Culture préhistorique en Palestine*, Paris 1975.
- J. Mellaart, *The Neolithic of the Near East*, London 1975.
- K.M. Kenyon-T.A. Holland, *Excavations at Jerico*, vol. 3, London 1981.
- F.R. Valla, *Les industries de silex de Mallaha (Eynan) et du Natoufien dans le Levant*, (Mémoires et travaux du Centre de Recherche Français de Jérusalem 3), Jerusalem 1984.
- O. Bar-Yosef-F.R. Valla (Eds.), *The Natufian Culture in the Levant*, Ann Arbor 1991.
- T. Schick, "Kebara Cave", *New EAEHL* 3 (1992), 852-855.

Giudea-Negev

Il documento dedicato alla Giudea-Negev ha un'introduzione dedicata, fra l'altro, alla terminologia dell'archeologia in generale e di quella biblica in particolare.

Terminologia

Definizione di archeologia: è la scienza che studia il passato in base a tutti i resti materiali che l'uomo ha lasciato. L'archeologo studia tutti i resti materiali dell'uomo, dal monumento ben visibile al resto insignificante di un fuoco preistorico; esamina i frammenti artistici e gli utensili di ogni tipo; raccoglie e cataloga ogni rimasuglio di lavoro, ogni oggetto che porti la traccia della presenza o dell'attività umana. Li studia per spiegarli, per compararli tra di loro e confrontarli con eventuali paralleli di altre regioni e culture, per ordinarli secondo un quadro cronologico, per metterli in relazione a testi scritti e alla storia. L'archeologia è quindi un'interpretazione di dati, oggetti, ecc.

a) L'archeologia è nata nella Grecia antica come sinonimo di storia, cfr. Platone (*Scienza dell'antichità*); Tucidide (*Archeologia* è il prologo alla Storia della Grecia); Flavio Giuseppe (*Ioudaike archaiologia* = *Antichità Giudaiche* = Storia del popolo giudeo).

b) Ma nel significato moderno, nato tra il 1600 e il 1700 con gli scavi di Ercolano (1710-1738, il principe di Elboeuf) e Pompei (1748, Joachim Winkelmann) in Italia; e di Hissarlik-Troia in Asia Minore (Heinrich Schliemann, 1870-1880), cambia la prospettiva e il metodo dell'archeologia. Cambia il concetto stesso di archeologia che diventa la scienza dell'antichità e lo studio dei resti materiali, in opposizione alle testimonianze scritte, e di conseguenza diventa una scienza ausiliaria della storia.

La scienza archeologica è recente, ma ha già compiuto passi da gigante e si è assicurata un posto al sole nel panorama della cultura generale trovando sempre più simpatizzanti e *sponsor*.

Scienze ausiliarie dell'archeologia

a) Nel campo della storia si contano la cronologia, lo studio delle culture e delle storie nazionali, ecc. b) Prospezione, misurazione, restauro. c) Geologia, topografia, geografia, identificazione dei siti. d) Epigrafia, paleografia, papirologia, filologia. e) Metodo statistico, etnografia, paleo-etnobotanica, antropologia, sociologia. f) Metodo comparato: come molte scienze moderne l'archeologia non opera più in solitudine, ma in contatto diretto e necessario con numerose altre scienze.

Solo archeologia o archeologia biblica?

È permesso usare ancora il termine archeologia biblica? Sì, ma a patto di alcune precisazioni. Per archeologia biblica in senso ampio, cfr. le pagine introduttive di H. Weippert 1988, A. Mazar 1990[7], e tutte le pubblicazioni di W.G. Dever in cui tratta espressamente questo tema[8].

---

[7] H. Weippert, *Palästina in vor-hellenistischer Zeit, Handbuch der Archäologie, Vorderasien* 2,1, München 1988; A. Mazar, *Archaeology of the Land of the Bible, 10,000 - 586 B.C.E.*, NY: Doubleday 1990.

[8] Cfr. W.G. Dever, *Recent Archaeological Discoveries and Biblical Research*, Washington 1990; P.R.S. Moorey, *A Century of Biblical Archaeology*, Cambridge 1991.

Si può mantenere questo termine se non altro per via della spinta iniziale, in quanto i primi scavi in Palestina furono fatti in funzione della Bibbia, e anche oggi la Bibbia gioca un ruolo non certo marginale. Si può intendere come Archeologia effettuata nelle terre bibliche, oppure che riguarda le culture che hanno avuto relazioni con la Bibbia, da Hammurabi a Cleopatra, da Sargon II a Ciro il Grande, da Alessandro Magno all'Impero Romano o alla conquista islamica.

L'archeologia biblica secondo R. de Vaux (1970)[9] e W.G. Dever (1990): 1) Riguarda una regione estesa dall'Asia Minore all'Egitto, da Creta all'Iran, cioè tutte le terre bibliche, dove la Palestina o Canaan è solo una parte. 2) Aiuta a conoscere – ma non può dirci tutto! – l'ambiente in cui la Bibbia è nata e cresciuta. Infatti ci fa conoscere la storia culturale delle regioni e dei popoli che le hanno abitate e che hanno avuto contatti con l'Israele biblico. 3) Al pari dell'archeologia profana, l'archeologia biblica aumenta la conoscenza delle culture umane e degli eventi della storia che hanno relazioni con la Bibbia.

La stessa cosa è intesa da W.G. Dever quando chiede di abbandonare il nome di archeologia biblica per assumere quello di archeologia siro-palestinese, o di archeologia mediorientale, ma definisce la scienza dell'archeologia in questo modo:

> An agreement concerning the proper relation of archaeology to Biblical studies requires a serious and objective understanding of what the Bible is and what it is not. I have attempted to demonstrate how textual facts, artifacts, and ecofacts combine to illuminate the world of the Bible, and how archaeology contributes by creating a setting in which the Bible may become more credible for many.[10]

La rivista *cultural-chic* americana *Biblical Archaeology*, nel corso del 1998 ha cambiato nome. Dopo un referendum tra i lettori è diventata *Near Eastern Archaeology*, nr. 61/1 (1998). Viene così a maturazione il desiderio di W. Dever.

L'archeologia biblica nasce come fenomeno tipicamente americano, figlia degli studi biblici e dell'archeologia siro-palestinese. All'inizio del XIX secolo si facevano scavi in Mesopotamia, Egitto, Grecia per ritrovare le radici classi-

---

[9]   R. de Vaux, "On Right and Wrong Uses of Archaeology", in J.A. Sanders (Ed.), *Near Eastern Archaeology in the Twentieth Century*, NY: Doubleday 1970.
[10]   Dever 1990, 169.

che della cultura occidentale. Solo in una seconda fase la ricerca archeologica si è diretta verso la Palestina, o terra biblica. Da questa origine nascono i temi maggiormente trattati dagli studiosi di archeologia biblica: l'epoca patriarcale, la figura di Mosè e il monoteismo biblico, il periodo della conquista del Canaan, il tema di "fede e storia".

Archeologia biblica in senso stretto

Significa fare archeologia dei tempi dell'Antico Testamento e del Nuovo Testamento, cioè dal 2000 a.C. fino al II secolo d.C. Chiamiamola pure archeologia siro-palestinese, o archeologia mediorientale, secondo l'ipotesi lanciata da Dever, *BA* 45 (1982), 103-107. Ma questa sembra una definizione dettata da paure ideologiche. Paura di nominare la Bibbia, o Israele, o di finire nel fondamentalismo all'americana. Al riguardo si vedano le osservazioni molto sensate di A. Mazar 1990, 31-33.

> È una scienza che ha per scopo il recupero, la descrizione e l'interpretazione dell'eredità lasciata dai popoli che in passato hanno abitato il paese. Pertanto l'archeologia biblica contribuisce all'indagine delle eredità storiche e culturali della Palestina per mezzo di inventari e scavi. Dal momento poi che la Palestina si trova al margine dell'Asia Anteriore, l'archeologia biblica è, in definitiva, un settore dell'archeologia dell'Asia Anteriore, ed è, metodologicamente e materialmente, in stretta connessione con l'archeologia della Siria e degli altri paesi del Vicino oriente.[11]

Resta il dato fondamentale su cui riflettere. La Bibbia e Israele non sono cresciuti come una pianta unica e isolata, non sono stati un'isola priva di agganci e relazioni con i popoli e le culture vicine. Mentre in passato si vedeva di più l'unicità della storia di Israele, oggi si capisce molto meglio il suo nascere e svilupparsi accanto ad altri popoli, culture, religioni, ecc. Così, mentre in passato si aveva la preoccupazione (in campo esegetico) di trovare punti di contatto tra Bibbia e resto del mondo, oggi si è costretti a cercare le caratteristiche peculiari della Bibbia. F.M. Cross ha forse reso la miglior testimonianza al valore e ai risultati della ricerca archeologica in funzione degli studi biblici:

---

[11]   V. Fritz, *Introduzione all'archeologia biblica*, Brescia 1991, 15.

Poco meno di 100 anni fa, la Bibbia sembrava un prodotto isolato della civilizzazione del Medio Oriente, un monumento privo di contesto o di origini. Oggi, grazie all'esplorazione archeologica della terra di Israele e delle nazioni confinanti, la storia di Israele è diventata parte della storia del mondo antico. La letteratura dell'antico Israele può essere vista nel suo evolversi dai generi delle letterature affini, e la religione di Israele può essere descritta nei suoi aspetti di continuità e di contrasto con la mitologia e il culto contemporanei del Medio Oriente. In tutta la sua potenza e peculiarità, la Bibbia si è rivelata quale estrema evoluzione della cultura del Medio Oriente.[12]

Il significato e i contributi dati dall'archeologia biblica sono molto grandi, sia per la storia che per l'esegesi. Elencandoli in breve si può notare che i risultati maggiori riguardano la religione, la storia e la letteratura dell'Antico Oriente.

Lo studio del testo biblico è stato arricchito dai manoscritti di Qumran e del Deserto di Giuda, alcuni dei quali risalgono al III secolo a.C. Per la storia del testo biblico ciò significa che il testo consonantico era già cristallizzato in epoca persiana, cioè nel V e IV secolo a.C.

Lo studio della letteratura biblica ha visto l'apporto dei testi cananaici, ugaritici, ecc. con le scoperte di generi letterari, forme di prosa e di poesia, tradizioni, storia. Cade il metodo dell'esegesi basata solo sul confronto interno all'AT. Si impone il criterio dell'evoluzione e del progresso, senza scomodare Darwin, da applicare anche al testo (la lingua) e al contenuto (teologia, *kerygma*) della Bibbia.

Si scoprono temi comuni all'AT e ai miti ugaritici (la marcia del dio della tempesta, della montagna, la promessa di un erede, ecc.) e di altre culture antiche (Ebla, Mari, Nuzi, Bogazkoy, Ninive, ecc.). Israele aveva a disposizione un'eredità letteraria enorme, che ha alterato, sviluppato, adattato, ecc.

Il dio El di epoca patriarcale era il dio personale di qualche gruppo familiare; nome e figura erano diffusi nella cultura cananea e ugaritica.

Il concetto di alleanza è stato illustrato ampiamente dai testi dei trattati e delle alleanze politiche del III e II millennio a.C. È un tema assente in Egitto e nella Mesopotamia non semitico-amorrea.

Il fenomeno della Profezia in Israele è differente in modo vistoso dalle profezie di Mesopotamia (Mari) e di Egitto.

---

[12]   F.M. Cross, "Biblical Archaeology Today: The Biblical Aspect", in J. Amitai, *Biblical Archaeology Today*, 9-15.

La scrittura era un mezzo diffuso tra tutti i popoli dell'Antico Oriente, che Israele ha accettato e usato a proprio beneficio (cioè l'ebraico non è una lingua rivelata).

(…)

Timna

Una delle ultime pagine del testo dedicato al Negev ci parla della località di Timna e delle mitiche (nel senso di immaginarie, è proprio il caso di dirlo!) miniere di re Salomone:

Il centro minerario di Timna si trova nel wadi Meneiyeh, 30 km a nord di Eilat, a ovest della Valle dell'Arabah. Valli e montagne ricche di rame, la regione mineraria copre una superficie di 70 km quadrati.

Nelle rocce di Timna si trovano composizioni di malachite, calcocite, azzurrite, cuprite e paratacamite, tutti minerali metalliferi. Le miniere sono state sfruttate fin dal IV millennio a.C. e l'estrazione continua ancora oggi. Alcune gallerie e fornaci sono tuttora visitabili.

L'occupazione più lunga e consistente del sito risale al Tardo Bronzo (TB) e al Ferro I, cioè dal XIV al XII secolo a.C. In epoca romana i lavori di estrazione vennero ripresi e durarono fino al periodo arabo (IX secolo).

La traccia più antica è costituita da un forno di epoca calcolitica, seguita dai forni del Bronzo Antico (BA). Sono stati individuati inoltre undici campi principali risalenti all'epoca dei faraoni tutmosidi e ramessidi (20ª e 19ª dinastia egiziana). Le fornaci di epoca romana sono state invece trovate all'esterno della valle di Timna, a Beer-Ora nell'Arabah.

Numerosi ritrovamenti sono emersi a Timna nel corso di ricerche condotte da J. Petherrick (1845), da A. Musil (1907), da F. Frank (1934) e da N. Glueck (1935-1940).

Negli anni 1959-1964 è iniziata la ricerca sistematica di B. Rothenberg che è durata fino al 1990, con l'aiuto di specialisti in metallurgia e chimica di varie università (Tel Aviv, Haifa, Londra, Francoforte).

N. Glueck aveva trovato ceramica del Ferro I e perciò aveva chiamato il sito "Le miniere di re Salomone", nome mantenuto ancora oggi per il forte richiamo turistico. Però, dopo le ricerche di B. Rothenberg, le miniere sono datate a vari periodi storici, dal calcolitico al romano, ma escludendo proprio il periodo salomonico.

Non esistono neppure elementi certi per legare le attività estrattive ai tempi della monarchia di Giuda (Ferro II), come non ci sono notizie nell'AT riguardo a "miniere di re Salomone".

B. Rothenberg, *Timna. Valley of the Biblical Copper Mines*, London 1972. B. Rothenberg-R.F. Tylecote-P.J. Boydell, *Chalcolithic Copper Smelting*, (IAMS Monographs One), London 1978. J.D. Muhly, "Timna and King Solomon", *Bib. Or.* 41 (1984), 276-292. B. Rothenberg (Ed.), *The Ancient Metallurgy of Copper. Researches in the Arabah, 1959-1984*, vol. 2, London 1990. B. Rothenberg (Ed.), *The Ancient Mines and Smelters of the Western Arabah, vol. 2. Researches in the Arabah 1959-1990*, (IAMS Monographs Two), London (in press).

Il santuario di Hator a Timna

Tra le scoperte più interessanti per la storia del sito si deve elencare il tempio di Hator (la dea-mucca), scoperto da B. Rothenberg nel 1969.
Le iscrizioni egizie datano ai secoli XIV-XII a.C., ai tempi del Nuovo Regno.

Storia del santuario egiziano
1° periodo. Il primo tempietto egiziano (XIV secolo a.C.). Il primo segno di un santuario risale a Seti I (1318-1304 a.C.), sopra i resti del Calcolitico. Si tratta di un edificio a cielo aperto, provvisto di *naos*, edificato contro la montagna (m 9x7) entro cui è stata scavata una piccola nicchia.
Sono state rinvenute nello scavo due basi di colonne che portavano la raffigurazione della dea Hator. Con esse anche numerosi incensieri e due tavole per le offerte, in pietra. Il primo santuario fu distrutto, ma non si sa da chi e quando.
2° periodo. Il secondo santuario è una riparazione del precedente. Viene fatto il pavimento lastricato e l'ambiente è allargato, m 9x9. Viene rifatto il *naos* e il *pronaos* o vestibolo. Vennero alla luce alcune iscrizioni databili a Ramses II (1304-1237 a.C.). Fu distrutto da un terremoto, e abbandonato per un certo periodo.
3° periodo. Il terzo santuario presenta numerose variazioni. È aggiunta una bancata per le offerte all'ingresso; è costruita una stanza privata all'esterno del muro orientale.
Lungo il muro occidentale viene aggiunta una fila di stele, che in parte sono colonne riusate. Lungo i muri di est e ovest sono rimasti alcuni frammenti della tenda (a colori rosso e giallo) che copriva l'intero santuario.

4° periodo. L'occupazione madianita del santuario. Il ritrovamento della tenda, unito alla ceramica particolare (ricca di pitture lineari a diversi colori), ha fatto intendere che il santuario è stato usato dai Madianiti dopo l'abbandono degli Egiziani, verso la metà del XII secolo a.C. I Madianiti hanno deliberatamente scalfito le immagini di Hator e molti segni geroglifici, per cancellare il ricordo dei dominatori egiziani.

Accanto alla nicchia originaria è stato trovato un serpente votivo di rame. Sul pavimento del santuario sono state trovate tracce di un laboratorio da ramaio (una piccola fornace, resti delle fusioni e frammenti metallici in abbondanza; ancora nello stampo, un idoletto fallico).

Al 2° e 3° periodo di occupazione del santuario appartengono numerosi oggetti votivi. Al periodo egiziano sono ascritti vasi in ceramica, in pietra e in alabastro; bottoni, stampi, anelli, amuleti, figurine di Hator, vasi di porcellana, *stands* circolari, scarabei, sigilli, oggetti d'oro e placche. Al periodo madianita sono assegnati doni votivi (animali, amuleti, anelli, conchiglie, ecc.), e molti vasi di ceramica.

Tra la ceramica rinvenuta in diversi siti, sono da ricordare i cartigli di molti faraoni, da Seti I a Ramses V, vale a dire del periodo compreso tra il 1318 e il 1156 a.C.

B. Rothenberg (Ed.), *Sinai. Pharaohs, Miners, Pilgrims and Soldiers*, Berne 1979. B. Rothenberg, *The Egyptian Mining Temple at Timna. Researches in the Arabah 1959-1984*, vol. 1, London 1988. B. Rothenberg, "Timna", *New EAEHL* 4 (1993), 1475-1486.

Padre Virginio Ravanelli, ofm: *in memoriam*

Il 5 dicembre 2014 ha compiuto la sua giornata terrena padre Virginio Ravanelli il quale, oltre ad appartenere alla medesima Provincia francescana Tridentina, fu maestro di padre Pietro in varie discipline: Ebraico biblico, Esegesi dell'AT ed Escursioni biblico-archeologiche. Abbiamo così deciso di dedicare le ultime pagine del volume al ricordo del prof. Ravanelli, della cui opera padre Pietro fu il naturale continuatore.

L'operato di padre Virginio Ravanelli venne celebrato con un volume a lui dedicato in occasione del suo emeritato e curato da M. Adinolfi e P. Kaswalder: *Entrarono a Cafarnao. Lettura interdisciplinare di Mc 1*, Jerusalem 1997.

Nelle pagine seguenti proponiamo, insieme a qualche testo d'archivio, la cronaca di alcuni bei momenti vissuti in occasione della sua festa di emeritato (20 marzo 1997) e il ricordo che ne abbiamo fatto in occasione del funerale a Gerusalemme.

Omelia di p. Massimo Pazzini in occasione della Messa esequiale a Gerusalemme (San Salvatore, 8 dicembre 2014)

Padre Virginio Ravanelli ci ha lasciato per raggiungere la casa del Padre. Qui, ne siamo certi, intercede per noi in attesa di condividere con noi la gloria della risurrezione. Affidiamo al Signore questo fratello che ci è stato di esempio e di sprone con la sua vita esemplare. Una vita vissuta quasi sempre nel nascondimento e nella fedeltà al dovere quotidiano.

Con la precisione e la brevità che lo hanno sempre contraddistinto, ci ha lasciato alcune note biografiche che si trovano negli archivi dello *Studium Biblicum Franciscanum* e che qui condividiamo.

Virginio (Giuseppe) Ravanelli è nato a Cis di Livo (Provincia e Diocesi di Trento) da Giovanni e Virginia Baita il 19 marzo 1927. È entrato in noviziato nel 1943, ha emesso la professione solenne il 30 marzo 1948 ed è stato ordinato sacerdote il 18 febbraio 1951.

Il suo curriculum degli studi completo è il seguente: ha frequentato la scuola elementare di Cis (1933-1938), poi le medie e il liceo-ginnasio negli anni 1938-1947 (a Villazzano, Campo Lomaso e Rovereto).

Ha seguito gli studi di Teologia nello Studentato Teologico di S. Bernardino (Trento) negli anni 1947-1951.

Ha frequentato gli studi per il Baccellierato, la Licenza e il Dottorato al Pontificio Ateneo Antoniano di Roma (PAA, ora PUA) e allo SBF (Gerusalemme) negli anni 1952-1957.

Il 16 maggio 1954 ha conseguito la Licenza in *Re Biblica* (in Scienze Bibliche) alla Pontificia Commissione Biblica con il massimo dei voti (*Summa cum laude*).

Il 27 giugno 1957 ha difeso al PAA la tesi dottorale dal titolo: *Psalmus 89 (88). Compositio-Doctrina*, ricevendo il massimo dei voti.

Ha conseguito presso il PAA il titolo di dottore in Teologia Biblica il 13 febbraio 1981 con la pubblicazione della *Pars dissertationis* della tesi, dal titolo: *Aspetti letterari del Salmo 89* (*Pars dissertationis*, *Thesis ad Lauream* n. 262), Jerusalem 1980.

È stato lettore di S. Scrittura dal 1957 al 1973 presso lo Studentato Teologico S. Bernardino (Tn), dove ha insegnato il corso completo di Antico e Nuovo Testamento, Lingua ebraica, Introduzioni. Negli anni 1968-1972 ha anche insegnato S. Scrittura nel corso teologico per le religiose in Trento.

Dal 1973 è stato professore di S. Scrittura presso lo STJ (*Studium Theologicum Jerosolymitanum*, il Seminario Teologico Internazionale della Custodia di Terra Santa) dove ha insegnato Antico e Nuovo Testamento e dove ha fatto la guida delle escursioni bibliche.

Dal 1974 è stato professore allo SBF (II-III Ciclo) di Ebraico biblico, di Esegesi dell'Antico Testamento, e guida delle escursioni bibliche. Quasi tutti i docenti attuali dello *Studium* sono stati suoi discepoli.

Padre Virginio ha pubblicato, per sua scelta, il minimo indispensabile:

1974 "La testimonianza di Stefano su Gesù Cristo", *Liber Annuus* 24 (1974), 121-141.

1980 *Aspetti letterari del Salmo 89*, (*Pars dissertationis*, *Thesis ad Lauream*), Jerusalem 1980.

1996 Escursioni bisettimanali (ciclo annuale), *Notiziario Anno Accademico 1994-1995*, Jerusalem 1996: 34-37. Queste poche pagine costituiscono un documento molto importante, perché contengono la storia delle escursioni dello SBF degli ultimi 30 anni e costituiscono l'ossatura solida della seguente programmazione.

Nella Provincia francescana d'origine (San Vigilio in Trento), oltre all'impegno di lettore di S. Scrittura, ha dato per molti anni lezioni e conferenze di S. Scrittura a gruppi ecclesiali (laureati cattolici di Trento, movimento Maria Cristina di Trento, sacerdoti novelli della diocesi tridentina, parroci, novizi della Provincia) in varie occasioni; ha svolto il compito di vice-maestro dei chierici della Provincia di Trento (1957-1959); è stato assistente provinciale della Gioventù Francescana (1958-1966); assistente spirituale della Piccola Famiglia Francescana (1959-1970); è stato confessore in più sedi come parrocchie, case religiose e al seminario francescano; ha svolto impegni di predicazione in varie occasioni in parrocchie e gruppi ecclesiali. Su incarico della diocesi di Trento ha svolto un corso completo di S. Scrittura alle religiose negli anni 1968-1972. Fuori Provincia, ha dato lezioni di S. Scrittura al 4° corso teologico di S. Francesco alla Vigna (Ve), nell'anno accademico 1968-69.

Nel 1973 è stato incaricato da padre Bellarmino Bagatti della docenza di S. Scrittura presso lo STJ di Gerusalemme. È stato maestro dei chierici del seminario teologico internazionale di San Salvatore negli anni 1976-1977.

Fino ad anni recenti ha continuato a svolgere la guida di pellegrinaggi e di gruppi particolari di studi biblici (Pontificia Università Antonianum, Pontificia Università Urbaniana, ecc.), ha collaborato alle settimane di aggiornamento biblico-teologico dello SBF e ai corsi di formazione e aggiornamento per gli animatori di pellegrinaggio in Terra Santa istituiti dalla Custodia di Terra Santa. Particolarmente apprezzato era il corso itinerante di 15 giorni che teneva ogni anno per gli studenti della Gregoriana.

Dal 1986 è stato, a più riprese, vicario del convento della Flagellazione, sede dello SBF. Nel novembre 1995 è stato eletto discreto di Terra Santa per il gruppo linguistico italiano.

Per tutti gli anni di permanenza a Gerusalemme ha continuato a svolgere il ministero pastorale come sacerdote, predicatore e confessore presso vari conventi e case religiose, come pure presso il Patriarcato Latino.

Uomo di grande fede, padre Virginio vedeva la mano provvidente di Dio su tutta la sua vita. In occasione del suo 70° compleanno ebbe a dire: «Ho 70 anni e li considero un dono di Dio… Ringrazio tutti i miei superiori e formatori che hanno contribuito a costruire in me un figlio di Dio, un fratello di Gesù Cristo e un figlio di san Francesco. Ringrazio tutti i miei colleghi di insegnamento i quali hanno favorito in me la virtù dell'emulazione e ringrazio tutti i miei studenti, passati e presenti, i quali, assetati della Parola di Dio, tacitamente mi hanno detto: non addormentarti sulle prime lezioni, sii sempre sveglio e attivo, approfondisci... Soprattutto ringrazio Dio Padre, Figlio e Spirito Santo. Per dono di Dio ho raggiunto 70 anni, ma lungo il percorso ho avuto vari incidenti. Qui voglio ricordare tre grazie particolari. Agosto 1928: caddi in una fontana piena di acqua. Per salvarmi la Provvidenza si servì di un cavallo che segnalò la disgrazia a un contadino. Agosto 1932: fui colpito contemporaneamente da tifo e meningite e giacqui sul letto per cinque giorni come morto; poi mi ripresi. Il medico curante diceva: "Quello io lo conosco *intus et foris*. È morto due volte". Luglio 1955: ricevetti la terza grazia quando, pazzo temerario e avendo in testa le imprese militari dei Faraoni, volli fare il bagno nel porto di Ugarit e corsi il pericolo gravissimo di annegare. Dio mi conservò la direzione della riva e fui salvo. Nessuno se ne accorse; ne rendo testimonianza ora qui».

Dotato di una memoria che aveva del prodigioso, una sera d'inverno – un dopo cena di circa 15 anni or sono – lo sorpresi con un esame improvvisato di conoscenza biblica. Infatti durante la ricreazione gli posi una serie di domande su tutta la Bibbia, da Genesi ad Apocalisse... in pratica gli leggevo un versetto preso a caso dalla Bibbia e lui mi doveva dire in quale libro biblico si trovava. Con mia grande sorpresa azzeccò non solo tutti i libri, ma tutti i capitoli e diverse volte anche i versetti!

Sempre grazie a questa memoria, pur senza pubblicare nulla, ha creato una scuola di guide/animatori di pellegrinaggio cristiano in Terra Santa. Infatti, quando si andava con lui in escursione, prendeva il microfono in mano alla partenza e lo lasciava solo all'arrivo dimostrando di conoscere ogni singolo sito (ogni singola pietra!) della Terra Santa, comprese le strade, sia quelle antiche che le moderne... Risultato: per noi molta confusione in testa, soprattutto alle prime uscite. Poi le nozioni, ripetute più e più volte, si assestavano nella memoria e lì rimanevano. Insomma, chi avesse fatto tutte le escursioni dello *Studium* con lui, alla fine avrebbe acquisito una conoscenza non comune della Terra Santa. Personalmente credo che l'attività di guida per le escursioni dello SBF sia stata la sua opera maggiore, confluita non in volumi scritti, bensì nella preparazione di una nuova generazione di guide di Terra Santa.

Padre Virginio è stato per molti anni il docente dello SBF/STJ con più numero di ore di insegnamento: allo SBF insegnava ogni anno Morfologia ebraica, Sintassi ebraica, Esegesi dell'AT (in particolare il profeta Geremia) e guidava le escursioni di un giorno. Allo STJ insegnava S. Scrittura e guidava le escursioni degli studenti teologi. Al momento del suo ritiro dall'insegnamento, all'atto di riorganizzare le docenze, ci sono voluti quattro professori per coprire le materie da lui insegnate.

Una preoccupazione di padre Virginio era quella di non sentirsi all'altezza del compito affidatogli per il semplice fatto che non amava pubblicare i frutti delle sue fatiche di studioso. Ha sempre preparato meticolosamente i suoi corsi scrivendo quaderni e quaderni di appunti e di sintesi, ma non ha mai voluto pubblicare nonostante avesse ottenuto i gradi accademici con il massimo dei voti. Ci fu un tempo nel quale padre Virginio pensò, forse, di lasciare Gerusalemme a causa di questo problema. Nell'archivio dello SBF c'è una lettera di padre B. Bagatti al Ministro provinciale di Trento padre Corrado Lever in merito al fatto che Ravanelli «s'è messo in testa di non essere all'altezza del nostro *Studium* perché non pubblica». Padre Bagatti scrive il 3 febbraio 1977: «Anche se non pubblica Padre Ravanelli per noi è di grandissima utilità e può tenere degnamente il suo posto. Prima di tutto fa scuola del V. Testamento con utilità degli studenti essendo colto ed aggiornato; poi con la sua vita esemplare contribuisce a dare allo *Studium* un andamento serio e religioso».

Una lettera precedente di B. Bagatti al provinciale di Trento sottolinea le stesse motivazioni. Scrive padre Bagatti l'8 giugno 1974: «P. Ravanelli ha fatto scuola qui con soddisfazione degli studenti e desideriamo averlo fra noi per sempre, come professore dello *Studium*. Dirò subito che detto Padre s'è schernito dicendo di non essere all'altezza, ma su ciò sono migliori giudici i professori di qui che insistono perché io lo chieda a Lei. Egli potrà fare molto bene perché è colto e studioso. Un'altra ragione mi spinge a scriverle ed è che P. Ravanelli è un religioso esemplare, sotto ogni rispetto, e qui ci bisogna proprio dei Padri del suo stampo».

Padre Ravanelli è stato un religioso veramente esemplare per stile di vita e semplicità francescana. Quanto al metodo, era convinto che l'ordine (l'ordine mentale ovviamente!) era essenziale: «*Serva Ordinem et Ordo Servabit te*, conserva l'ordine e l'ordine ti conserverà», era solito ripetere. La sua vita era scandita al minuto da precise azioni. Si alzava sempre alla stessa ora (5.10 al mattino; 14.20 dopo la pennichella) e alla sera si ritirava alle 21.30; suonava i campanelli che scandivano la vita conventuale (pranzo, cena e preghiera). Questo sino agli ultimi giorni.

Padre Virginio ha trascorso l'ultimo anno e mezzo di vita nell'infermeria custodiale a San Salvatore, senza mai dimenticare quella che era stata la "sua comunità", cioè quella della Flagellazione alla quale, nei primi tre mesi, scendeva quasi ogni giorno e nella quale aveva ancora la stanza. Nella lettera del 4 maggio 2013 il padre Custode, comunicandogli il trasferimento in infermeria, gli scriveva: «Hai compiuto 86 primavere, hai combattuto la buona battaglia, hai mantenuto la fede…: hai fatto di più, ce l'hai testimoniata, l'hai resa evidente, chiara e gioiosa a tante generazioni di frati, con la tua umiltà, con la semplicità di chi si sente sempre scolaro di una Parola inesauribile. Grazie, papà Virginio, per questa paternità spirituale che hai donato senza risparmiarti, e della quale abbiamo sentito più il gusto di una familiare fraternità che non l'autorevolezza del docente».

La lettera del Ministro provinciale fra Francesco Patton a V. Ravanelli del 27 marzo 2013, in occasione del 65° anniversario della professione solenne, esprime in sintesi la vita di padre Virginio: «Il Signore, che solo ricompensa in modo adeguato i suoi servi fedeli, sia fonte di benedizione e vero premio per quanto hai fatto a sua lode e gloria. Hai detto il tuo sì definitivo al Signore 65 anni or sono. E quel sì ti ha portato a seguirlo e servirlo sulle strade del mondo da frate minore in svariate forme di missione apostolica, qui nel nostro piccolo Trentino e poi in Terra Santa, sempre a servizio della Parola di Dio, perché potesse diventare nutrimento vitale alle nuove generazioni di frati, di sacerdoti, di religiosi, religiose e laici».

I vecchi professori dello SBF lo chiamavano papà Virginio, perché esortava tutti con l'espressione "figliolo buono"; infatti era come un padre, che all'inizio poteva sembrare severo ma non inflessibile… e comunque una persona che guidava con amore di padre i più giovani. Noi ci raccomandiamo ora alla sua intercessione. Siamo certi che dal cielo non si dimenticherà della Città Santa e di noi suoi abitanti e intercederà per la Provincia religiosa Tridentina, per la Custodia e per lo *Studium* che ha tanto amato.

P. Virginio Ravanelli, professore emerito
Note di cronaca: 20 marzo 1997

Il 20 marzo 1997 la fraternità della Flagellazione e l'intera comunità accademica dello *Studium* ha festeggiato padre Virginio Ravanelli che, giunto al traguardo di 70 anni, è stato nominato professore emerito. La celebrazione si è svolta in due momenti nella chiesa di San Salvatore e nel salone parrocchiale.

Alla nostra gioia si sono associati padre Francesco Patton, rappresentante personale del Ministro provinciale OFM di Trento, la Provincia religiosa cui p. Virginio appartiene e dove è vissuto e ha insegnato per molti anni, p. Tarcisio Bortoli, Vicario provinciale, una schiera di confratelli della Custodia di Terra Santa con a capo il padre Custode accompagnato dai membri del discretorio e un folto gruppo di religiose e di amici.

Le lettere gratulatorie, precedentemente inviate da p. Hermann Schalück, Ministro generale, da p. Giuseppe Nazzaro, Custode di Terra Santa e da p. Saverio Biasi, Ministro provinciale di Trento, sono state riprodotte nel volume pubblicato dallo SBF e presentato al pubblico per la circostanza.

Lo *Studium* ha dedicato a p. Ravanelli una miscellanea intitolata *Entrarono a Cafarnao. Lettura interdisciplinare di Mc 1* (SBF Analecta 44, Jerusalem 1977, 309 pp.) e curata da M. Adinolfi e P. Kaswalder. Al volume hanno contribuito professori dello SBF (A. Niccacci, G. Bissoli, M. Buscemi, P. Kaswalder, F. Manns, C. Paczkowski) e studiosi esterni (M. Adinolfi del PAA, E. Bosetti della PUG). Il padre Custode ha preso la parola e ha ringraziato p. Ravanelli per i molteplici servizi che ha reso in passato e continua a prestare alla Custodia e per averlo attualmente suo consigliere. Egli ha pure indicato in p. Virginio un frate esemplare per dedizione allo studio, all'insegnamento e alla vita fraterna. Il discorso del Direttore dello *Studium*, F. Manns, lo riproduciamo per intero qui di seguito.

Il festeggiato ha preso la parola per ultimo e con commozione e semplicità ha ringraziato tutti. Uscendo dalla sua abituale riservatezza e discrezione padre Virginio ha ricordato brevemente alcuni fatti salienti della sua vita. Per questo riferiamo anche le sue parole, convinti di fare cosa gradita ai suoi molti ex studenti e amici che non erano presenti alla celebrazione.

Discorso del Direttore dello SBF

La Chiesa universale si sta preparando alla celebrazione del Grande Giubileo del 2000. Il 1997 è l'anno dedicato alla riflessione su Cristo. Oramai l'abbiamo detto e ripetuto. Ma padre Ravanelli con la sua lunga esperienza di insegnante mi diceva che le cose vanno ripetute almeno cinque volte per essere certi che tutti abbiano sentito. Le Chiese cattoliche di Terra Santa sono in Sinodo. Si sono proposte un "cammino insieme" di tre tappe: prima, cammino della fede, per rinnovare l'adesione a Cristo e alla Chiesa; seconda, discussione sui problemi e le preoccupazioni presenti; terza, preparazione di un piano pastorale generale.

Per fare un cammino proficuo la Chiesa di Terra Santa ha bisogno di comprendere la situazione attuale, la sua identità nelle condizioni specifiche in cui vive. Per questo è necessario percorrere i tempi formativi, alla riscoperta delle radici storiche e teologiche della situazione attuale.

Anche noi dello Studio Biblico siamo parte della Chiesa di Gerusalemme, essendo collegati alla Custodia di Terra Santa. Il ritorno alle fonti, al Vangelo, è lo scopo della nostra presenza in Terra Santa. L'Ordine francescano si sta preparando al Capitolo Generale che sarà celebrato nel mese di maggio ad Assisi. Non è un segreto per nessuno di noi. Ecco, tutti, la Chiesa universale, la Chiesa di Terra Santa e l'Ordine francescano, si stanno preparando alla venuta di qualche cosa o di qualcuno che deve cambiare la nostra situazione. Tutti sono in attesa. «I tempi sono compiuti, il Regno di Dio è vicino», dice Gesù nel vangelo di Marco (1,15). Padre Ravanelli è capace di citare capitoli e versetti a memoria. C'è chi parla della sua "memoria insolente"…

Anche noi qui radunati per celebrare i 70 anni di padre Virginio siamo in attesa. Non solo in attesa che vengano riconosciuti i suoi meriti e in attesa della presentazione del libro, ma in attesa di qualche cosa di più importante. Dopo la celebrazione dell'Eucaristia, dopo il nostro raduno intorno alla mensa del Signore, ci troviamo intorno alla mensa dello studio per presentare un nuovo libro. P. Ravanelli segue in tutta la sua vita la norma di Seneca: «Vivi con gli uomini come se Dio ti vedesse; parla con Dio come se gli uomini ti ascoltassero» (*Lettera a Lucilio* 10,5). È il segreto della sua gioia, della sua felicità. Però a Seneca padre Ravanelli preferisce san Paolo che dice le stesse cose, ma meglio di lui. Ecco il personaggio padre Ravanelli. Sono stato "discreto" come lui è Discreto della Custodia di Terra Santa. Non ho detto niente su Cis, Baita e la Val di Non, che sono tutti nomi biblici, perché non mi è stato permesso.

Mi fermo qui. Il libro che presentiamo in onore di p. Ravanelli porta il titolo: *Entrarono a Cafarnao. Lettura interdisciplinare di Marco 1*. Voi sapete meglio di me che il vangelo di Marco si apre con la famosa giornata di Cafarnao. È questo capitolo che è stato studiato da confratelli e amici di padre Virginio sotto diversi aspetti e con diversi metodi. La scelta di un libro sul vangelo di Marco è stata una scelta giudiziosa. Perché un libro sul Nuovo Testamento, mentre p. Ravanelli si è laureato sull'Antico Testamento e ha insegnato alla Flagellazione Antico Testamento?

Bisogna spiegare la preistoria di questo libro. Ricordavo sopra che siamo nel primo anno di preparazione al Grande Giubileo. La Chiesa ha chiesto a tutti i cristiani di rispondere a una domanda: chi è Cristo per te? Vi rileggo un passo della lettera apostolica *Tertio millennio adveniente* di Giovanni Paolo II: «Il primo anno sarà pertanto dedicato alla riflessione su Cristo, Verbo del Padre, fattosi uomo per opera dello Spirito Santo. Occorre infatti porre in luce il carattere spiccatamente cristologico del Giubileo che celebrerà l'incarnazione del Figlio di Dio, mistero di salvezza per tutto il genere umano. Il tema generale proposto è: Gesù Cristo unico salvatore del mondo, ieri, oggi e sempre (Eb 13,8)».

Inutile ripetere qui tutte le iniziative prese dalla Custodia di Terra Santa in questo senso: avremo nel mese di aprile una riflessione filosofico-teologica con don Bruno Forte, avremo poi la settimana cristologica alla quale parteciperanno il nostro Rettore Magnifico, due Pro-decani e due altri professori dell'Antoniano e i nostri studenti. Il libro in onore di Ravanelli si inserisce nella stessa linea cristologica.

Il vangelo di Marco è il vangelo cristologico per eccellenza. Dall'inizio alla fine l'unica domanda che ritorna è: chi è costui? Il mare gli obbedisce. Chi è costui che fa esorcismi? Con che forza caccia gli spiriti immondi? Chi è costui, figlio di Maria? Conosciamo i suoi fratelli e le sue sorelle. Chi gli ha dato questa autorità? A questa domanda Marco risponde: Gesù è il Figlio di Dio e il Figlio dell'Uomo. Su questi due titoli troverete due studi nel libro. Ecco spiegata la scelta del tema. Piuttosto che studiare un salmo, abbiamo preferito un vangelo. C'è qualcuno che mi aveva suggerito di studiare il Salmo 90. Ho chiesto: perché? Mi ha risposto: primo, perché viene dopo il "nostro salmo" (Sal 89, studiato da p. Virginio nella sua dissertazione di laurea); secondo, perché parla di 70 anni: «I nostri anni sono settanta, ottanta per i più robusti». Ho risposto: «Non mettiamo limiti alla Provvidenza».

Alla fine del libro troverete la lista delle escursioni dello SBF guidate da p. Ravanelli da più di 20 anni. Per finire vorrei ringraziare tutti i collaboratori del libro e gli editori: p. Marco Adinolfi e p. Pietro Kaswalder. Un grazie alla Custodia di Terra Santa che permette ai professori di pubblicare le loro opere alla *Franciscan Printing Press*.

A tutti voi, amici di p. Ravanelli, compagni del Discretorio, professori e alunni un grazie di cuore. I veri Maestri non scrivono molto, scrivono il libro della propria vita. Gesù non ha scritto niente, però la sua vita rimane un modello per tutti noi. È questa vita che il nostro caro festeggiato ha voluto imitare.

Parole di p. Virginio Ravanelli

Fratelli e sorelle, ho 70 anni e li considero un dono di Dio. Sono confuso per il regalo del libro e ringrazio quelli che hanno lavorato per realizzarlo e tutti i collaboratori tra cui noto una collaboratrice, Sr. Elena, che ha voluto aggiungervi una simpatica dedica: «A padre Virginio instancabile camminatore nel mondo della Bibbia e guida nella gioia del vedere-oltre le antiche pietre!».

Ringrazio il Rev.mo p. Custode con il Discretorio e il mio p. Provinciale che nella lettera di augurio cita il Salmo 90. Ha fatto bene perché dei 70 anni parla anche la Parola di Dio. Dopo di loro ringrazio anche il Ministro generale che nel messaggio cita la lettera di san Francesco a sant'Antonio, il quale insegnava teologia ai frati a Bologna.

Ringrazio tutti i miei superiori e formatori che hanno contribuito a costruire in me un figlio di Dio, un fratello di Gesù Cristo e un figlio di san Francesco. Ringrazio tutti i miei colleghi di insegnamento i quali hanno favorito in me la virtù dell'emulazione e ringrazio tutti i miei studenti, passati e presenti, i quali, assetati della Parola di Dio, tacitamente mi hanno detto: non addormentarti sulle prime lezioni, sii sempre sveglio e attivo, approfondisci.

Soprattutto ringrazio Dio Padre, Figlio e Spirito Santo. Per dono di Dio ho raggiunto 70 anni, ma lungo il percorso ho avuto vari incidenti.

Qui voglio ricordare tre grazie particolari. Agosto 1928: caddi in una fontana piena di acqua. Per salvarmi la Provvidenza si servì di un cavallo che segnalò la disgrazia a un contadino. Agosto 1932: fui colpito contemporaneamente da tifo e meningite e giacqui sul letto per cinque giorni come morto; poi mi ripresi. Il medico curante diceva: «Quello io lo conosco *intus et foris*. È morto due volte». Luglio 1955: ricevetti la terza grazia quando, pazzo temerario e avendo in testa le imprese militari dei Faraoni, volli fare il bagno nel porto di Ugarit e corsi il pericolo gravissimo di annegare. Dio mi conservò la direzione della riva e fui salvo. Nessuno se ne accorse; ne rendo testimonianza ora qui.

Ringrazio e concludo come tutti i capitoli dei *Fioretti* di san Francesco: «A laude di Cristo. Amen».

Materiale d'archivio nella Segreteria dello SBF

Nella cartella di padre Virginio Ravanelli (Segreteria dello SBF) si trova, oltre al materiale di cui sopra e alla *Pars dissertationis* dattiloscritta, il seguente materiale, qui disposto in ordine cronologico:

- Due lettere di V. Ravanelli (12 giugno e 23 luglio 1973) a B. Bagatti in merito alla sua prossima venuta a Gerusalemme.
- Lettera di B. Bagatti al Ministro provinciale di Trento (8 giugno 1974) con richiesta di avere Ravanelli «fra noi per sempre, come professore dello *Studium*».
- Lettera di B. Bagatti al Prefetto degli studi (26 luglio 1974) con richiesta di avere Ravanelli «alla Flagellazione in Gerusalemme» come professore dello *Studium*.
- Risposta di fr. Enrico Franco (4 agosto 1974) con obbedienza a Ravanelli di recarsi «al nostro convento della Flagellazione, come professore fisso» dello *Studium*.
- Risposta di fr. Enrico Franco (6 agosto 1974) a Bagatti con concessione di Ravanelli e copia dell'obbedienza inviata a Ravanelli.
- Lettera del Ministro provinciale, p. Corrado Lever, al Direttore dello SBF, padre Bellarmino Bagatti, del 16 agosto 1974 in risposta alla lettera di richiesta di Bagatti.
- Lettera di B. Bagatti al Ministro provinciale p. Corrado Lever in merito al fatto che Ravanelli «s'è messo in testa di non essere all'altezza del nostro *Studium* perché non pubblica».
- Lettera del Ministro provinciale, p. Corrado Lever, al Direttore dello SBF, padre Bellarmino Bagatti, del 26 marzo 1977 in risposta alla lettera di avere Ravanelli a Gerusalemme.
- Lettera del Ministro provinciale fr. Germano Pellegrini a Ravanelli del 27 marzo 2008 in occasione del 60° anniversario della professione solenne (solo in formato digitale Word).
- Lettera del Ministro provinciale fr. Francesco Patton al Decano G.C. Bottini del 14 febbraio 2011 in occasione del 60° anniversario di ordinazione sacerdotale.
- Lettera del Ministro provinciale fr. Francesco Patton a V. Ravanelli del 27 marzo 2013 in occasione del 65° anniversario della professione solenne (solo in formato digitale pdf).

- È presente, infine, un fascicolo (3 pp.) dal titolo "Per una scheda di p. Virginio Ravanelli (dalla cronaca del convento di S. Bernardino in Trento. Vol. II e III, *passim*)": notizie raccolte da fr. Egidio Sersa che riguardano il periodo 1954-1973 (fino alla partenza per Gerusalemme).

P. Kaswalder, E. Alliata, V.C. Corbo e S. Loffreda a Macheronte (1980)

P. Pietro, p. Virginio e p. Lino sulla terrazza della Flagellazione (1982)

Visita del Rettore Magnifico T. Larrañaga allo SBF (dicembre 1984)

Padre Pietro con A.M. Buscemi, G. Bissoli e altri amici

Con il papà Enrico e M. Piccirillo al pranzo di laurea (1988)

Al St. Bonaventure College di Lusaka, Zambia (1994)

Una sosta all'aria pura delle montagne trentine

Con l'amico Sobhy Makhoul (1998)

Padre Pietro esamina un reperto archeologico

Padre Pietro accanto al busto di S. Pietro custodito nel museo francescano di Nazaret

Col papà, il parroco, la mamma e la zia al pranzo del XXV di sacerdozio (2002)

Il XXV di sacerdozio celebrato anche a Gerusalemme (2002)

Visita dello SBF al sito archeologico di Beersheba (2002)

Visita con gli studenti dello *Studium* a Tel Arad (2002)

Con gli studenti a Bet Shean / Scitopoli (2003)

Foto di gruppo a Bet Shean / Scitopoli (2003)

Visita a Tel Dan (2004)

Escursione dello SBF a Cesarea (2005)

Escursione al Monte Nebo, Giordania (2008)

Escursione a Jerash / Gerasa, Giordania (2008)

Escursione nel Negev, Avdat (2008)

Escursione nel Negev, Elusa (2008)

Con il signor Arrigo Dalpiaz a Masada (2009)

Con gli architetti Bruno ed Enrico Pedri e A. Dalpiaz alla Flagellazione (2009)

Con mons. Luigi Bressan, vescovo di Trento (2010)

Guida agli studenti di Hong Kong in visita alla Città Santa (2010)

Un momento dell'escursione a Tel Arad (2011)

L'oasi di En-Gedi e il mar Morto visti dalla montagna sovrastante

Celebrazione a Cana di Galilea (2012)

Celebrazione a Cana di Galilea (2012)

Con Elisabetta, una cara amica slovacca (2012)

Nel cortile della Flagellazione (2014)